Python per principianti e non:

Guida completa alla programmazione

di

Doran Fields

Indice:

Introduzione:

Python è un linguaggio di programmazione di alto livello, facile da imparare e molto versatile. È ampiamente utilizzato in molte aree della programmazione, come la creazione di applicazioni desktop, la gestione dei dati e la programmazione web. Questo libro è stato scritto per fornire una guida completa per tutti coloro che vogliono imparare Python, indipendentemente dal loro livello di conoscenza in materia di programmazione.

La guida inizia con una panoramica del linguaggio Python e di come può essere utilizzato per risolvere i problemi. Successivamente, il libro copre i concetti fondamentali di Python, come le variabili, i tipi di dati, gli operatori e le istruzioni di controllo del flusso. Ci sono anche capitoli dedicati alle funzioni, alle liste, alle tuple, ai dizionari, alle stringhe, alle classi e agli oggetti.

Il libro procede poi con l'approfondimento dei concetti avanzati di Python, come i moduli, la gestione degli errori, il lavoro con i file, le espressioni regolari, i thread e la grafica con Tkinter. Infine, ci concentriamo sulla programmazione web con Python, fornendo un'introduzione alla creazione di applicazioni web dinamiche utilizzando il framework Django.

Con questo libro, imparerai come scrivere codice Python pulito e ben strutturato, che sia facile da leggere e da mantenere. Imparerai anche come risolvere i problemi in modo efficiente, grazie all'ampia gamma di strumenti e funzionalità disponibili in Python. Sia che tu stia imparando a programmare per la prima volta o che tu sia un programmatore esperto che cerca di ampliare le proprie conoscenze, questo libro è la guida definitiva per la programmazione Python.

Capitolo 1:

Introduzione a Python

Python è un linguaggio di programmazione estremamente popolare grazie alla sua sintassi semplice e intuitiva, alla sua ampia gamma di librerie e alla sua grande comunità di sviluppatori. In questo primo capitolo, forniremo un'introduzione dettagliata a Python, che comprende l'installazione del software, l'uso dell'interprete Python, la scrittura di programmi Python e la presentazione di alcuni concetti fondamentali come le variabili, i tipi di dati e gli operatori.

Installazione di Python

Prima di iniziare a programmare in Python, è necessario installare il software sul proprio computer. È possibile scaricare Python dal sito web ufficiale di Python, python.org. Una volta raggiunta la pagina di download, si può selezionare la versione di Python adatta al proprio sistema operativo.

Dopo aver scaricato il file di installazione, è possibile avviarlo per installare Python sul proprio computer. Durante l'installazione, è possibile selezionare l'opzione "Aggiungi Python al PATH" per aggiungere Python alla variabile di ambiente PATH del sistema, in modo che sia possibile accedere all'interprete Python da qualsiasi directory nel prompt dei comandi.

Uso dell'interprete Python

Dopo aver installato Python, si può accedere all'interprete Python dal prompt dei comandi. Per aprire l'interprete

Python, è possibile digitare "python" nel prompt dei comandi e premere Invio. Verrà aperta una shell interattiva dove è possibile digitare comandi Python e visualizzare il loro output.

Ad esempio, digitando "print('Hello, World!')" nell'interprete Python e premendo Invio, verrà visualizzato "Hello, World!" sulla schermata. Inoltre, l'interprete Python può essere utilizzato come una calcolatrice per eseguire operazioni matematiche semplici, come l'addizione, la sottrazione, la moltiplicazione e la divisione.

Scrittura di programmi Python

Per scrivere programmi Python più complessi, è necessario utilizzare un editor di testo o un IDE (Integrated Development Environment). Esistono molti editor di testo e IDE disponibili per Python, come Notepad++, Sublime Text, PyCharm e Visual Studio Code.

Per scrivere un programma Python, è necessario aprire un nuovo file in un editor di testo o IDE, digitare il codice Python e salvare il file con l'estensione .py. Ad esempio, il seguente codice Python stampa "Hello, World!" sulla schermata:

```
print("Hello, World!")
```

Per eseguire il programma, è possibile aprire il prompt dei comandi, navigare nella directory in cui si trova il file .py e digitare "python nomefile.py" per eseguire il programma.

Capitolo 2:
Variabili, Tipi di Dati e Operatori

Il capitolo 2 di questo libro è dedicato alle variabili, ai tipi di dati e agli operatori in Python. In questo capitolo, discuteremo dettagliatamente questi concetti fondamentali di Python, fornendo esempi e spiegazioni per aiutare i lettori a capire meglio questi concetti.

Variabili

In Python, una variabile è un'etichetta che viene assegnata a un valore. Le variabili vengono utilizzate per conservare i dati in modo da poterli utilizzare in un secondo momento. In Python, le variabili possono contenere diversi tipi di dati, come numeri, stringhe e liste.

Per assegnare un valore a una variabile in Python, utilizziamo l'operatore di assegnazione (=).
Ad esempio:

```
x = 10
y = "ciao"
```

In questo esempio, "x" contiene il valore intero 10 e "y" contiene la stringa "ciao".

Tipi di dati

Python supporta diversi tipi di dati, tra cui numeri, stringhe, booleani, liste, tuple e dizionari. Vediamo un po' di esempi per ognuno di questi tipi.

Numeri: Python supporta interi, numeri in virgola mobile e numeri complessi.
Ad esempio:

```
x = 10      # intero
y = 3.14    # numero in virgola mobile
z = 2 + 3j  # numero complesso
```

Stringhe: le stringhe sono sequenze di caratteri.
Ad esempio:

```
s1 = "ciao"     # stringa con doppio apice
s2 = 'mondo'     # stringa con singolo apice
s3 = """Questo è un esempio di
stringa su più righe"""  # stringa su più righe con tre
apici
```

Booleani: i booleani sono valori di vero/falso.
Ad esempio:

```
a = True
b = False
```

Liste: le liste sono sequenze di valori separati da virgole, racchiusi tra parentesi quadre.
Ad esempio:

```
lista1 = [1, 2, 3, 4, 5]
lista2 = ["ciao", "mondo", "!"]
```

Tuple: le tuple sono simili alle liste, ma sono immutabili.
Ad esempio:

    tupla1 = (1, 2, 3)

    tupla2 = ("ciao", "mondo")

Dizionari: i dizionari sono collezioni di coppie chiave-valore, racchiusi tra parentesi graffe.
Ad esempio:

    dizionario1 = {"nome": "Mario", "cognome": "Rossi", "età": 30}

    dizionario2 = {"città": "Roma", "stato": "Italia"}

Operatori

Gli operatori sono simboli speciali in Python che vengono utilizzati per eseguire operazioni su uno o più valori. I principali operatori sono:

Operatori aritmetici (+, -, *, /, %, //, **)
Operatori di confronto (==, !=, >, <, >=, <=)
Operatori logici (and, or, not)
Operatori di assegnazione (=, +=, -=, *=, /=, %=, //=, **=)
Operatori di identità (is, is not)
Operatori di appartenenza (in, not in)
Operatori bitwise (&, |, ^, ~, <<, >>)

Operatori Aritmetici:

Gli operatori aritmetici sono tra gli elementi fondamentali della programmazione, in quanto permettono di eseguire operazioni matematiche elementari. In Python, come in altri linguaggi di programmazione, sono presenti i seguenti operatori aritmetici:

Somma (+)
Sottrazione (-)
Moltiplicazione (*)
Divisione (/)
Divisione intera (//)
Resto della divisione (%)
Elevamento a potenza (**)
La somma e la sottrazione sono operatori binari, cioè operano su due operandi. Ad esempio, la somma tra 3 e 5 può essere scritta in Python come:

    3 + 5

che restituirà il valore 8.

La sottrazione invece si può eseguire nel seguente modo:

    5 - 3

che restituirà il valore 2.

La moltiplicazione e la divisione sono anch'esse operatori binari. Per eseguire una moltiplicazione, si utilizza l'operatore *:

    3 * 5

che restituirà il valore 15. La divisione, invece, si può eseguire utilizzando l'operatore /:

15 / 3

che restituirà il valore 5.

La divisione intera, invece, restituisce il quoziente intero della divisione tra due numeri. Si utilizza l'operatore // per eseguire questa operazione:

15 // 4

che restituirà il valore 3.

Il resto della divisione si può calcolare utilizzando l'operatore modulo (%):

15 % 4

che restituirà il valore 3.

Infine, per elevare un numero a una certa potenza, si utilizza l'operatore doppio asterisco (**):

3 ** 2

che restituirà il valore 9.

È importante notare che, come nella matematica, gli operatori aritmetici seguono le regole di precedenza degli operatori. Ad esempio, l'operazione 5 + 3 * 2 restituirà il valore 11, perché prima verrà eseguita la moltiplicazione tra 3 e 2, e poi verrà eseguita la somma tra il risultato della moltiplicazione e 5. Se si vuole modificare l'ordine di esecuzione delle operazioni, è possibile utilizzare le parentesi. Ad esempio, per eseguire prima la somma tra 5 e 3 e poi moltiplicare il risultato per 2, si può scrivere l'espressione in questo modo:

$$(5 + 3) * 2$$

che restituirà il valore 16.

Operatori di confronto:
Gli operatori di confronto sono molto utili quando si lavora con i dati, perché consentono di confrontare due valori e determinare se sono uguali o diversi, maggiori o minori di un altro, e così via. In Python, ci sono sei operatori di confronto che sono elencati di seguito:

"==" (uguale a): restituisce True se i due valori sono uguali
"!=" (diverso da): restituisce True se i due valori sono diversi
">" (maggiore di): restituisce True se il primo valore è maggiore del secondo
">=" (maggiore o uguale a): restituisce True se il primo valore è maggiore o uguale al secondo
"<" (minore di): restituisce True se il primo valore è minore del secondo
"<=" (minore o uguale a): restituisce True se il primo valore è minore o uguale al secondo

Ad esempio, si può utilizzare l'operatore di confronto "=="
per verificare se due valori sono uguali. Ecco un esempio:

```
a = 5
b = 5
if a == b:
    print("a e b sono uguali")
```

In questo esempio, "a" e "b" sono entrambi uguali a 5,
quindi l'operatore di confronto "==" restituirà True e il
messaggio "a e b sono uguali" verrà stampato a video.

Ecco un altro esempio che utilizza l'operatore di confronto
"<" per verificare se un valore è minore di un altro:

```
x = 10
y = 20
if x < y:
    print("x è minore di y")
```

In questo esempio, "x" è minore di "y", quindi l'operatore
di confronto "<" restituirà True e il messaggio "x è minore
di y" verrà stampato a video.

È importante notare che gli operatori di confronto
restituiscono sempre un valore booleano: *True* o *False*. Ciò
significa che possiamo utilizzare gli operatori di confronto
in condizioni di *if*, *while* e altri costrutti di controllo del
flusso per eseguire operazioni basate su condizioni. Ad
esempio:

```
a = 10
b = 5
if a > b:
    print("a è maggiore di b")
else:
    print("a non è maggiore di b")
```

In questo esempio, l'operatore di confronto ">" restituirà True perché "a" è maggiore di "b", quindi verrà stampato a video il messaggio "a è maggiore di b". Se l'operatore di confronto restituisse *False*, il messaggio "a non è maggiore di b" sarebbe stato stampato a video.

In sintesi, gli operatori di confronto sono utilizzati per confrontare due valori e determinare se sono uguali, diversi, maggiori o minori. Possono essere utilizzati in condizioni di *if*, *while* e altri costrutti di controllo del flusso per eseguire operazioni basate su condizioni.

Operatori Logici:

Gli operatori logici sono utilizzati in Python (e in molti altri linguaggi di programmazione) per valutare le espressioni booleane, ovvero quelle che possono essere valutate solo come vero o falso.

In Python, gli operatori logici più comuni sono *and*, *or* e *not*. Vediamo di seguito come funzionano questi operatori.

L'operatore and restituisce *True* se entrambe le espressioni valutate sono *True*.
Ad esempio:

```
>>> x = 5
>>> y = 10
>>> x < 10 and y > 5
True
>>> x < 10 and y < 5
False
```

In questo caso, la prima espressione (x < 10) è vera, mentre la seconda (y < 5) è falsa, quindi l'operatore and restituisce *False*.

L'operatore or restituisce *True* se almeno una delle espressioni valutate è *True*.
Ad esempio:

```
>>> x = 5
>>> y = 10
>>> x < 10 or y < 5
True
>>> x > 10 or y < 5
False
```

In questo caso, la prima espressione (x < 10) è vera, quindi l'operatore or restituisce *True*. Nella seconda espressione, entrambe le condizioni sono false, quindi l'operatore or restituisce *False*.

L'operatore *not* inverte il valore di una espressione booleana.

Ad esempio:

```
>>> x = 5
>>> not x < 10
False
>>> not x > 10
True
```

In questo caso, la prima espressione (x < 10) è vera, ma l'operatore *not* inverte il valore e restituisce *False*. Nella seconda espressione, la condizione (x > 10) è falsa, ma l'operatore *not* inverte il valore e restituisce *True*.

Gli operatori logici possono essere utilizzati in molte situazioni diverse, ad esempio per controllare la validità di una password o per verificare se un utente ha effettuato l'accesso al sistema. Quando si utilizzano gli operatori logici, è importante prestare attenzione all'ordine di valutazione, in modo da ottenere il risultato desiderato. In caso di dubbi, si può utilizzare l'operatore di parentesi per specificare l'ordine di valutazione delle espressioni.

Operatori di assegnazione:
Gli operatori di assegnazione sono utilizzati per assegnare un valore a una variabile. In Python, l'operatore di assegnazione è rappresentato dal simbolo '='. Ad esempio, per assegnare il valore 10 alla variabile 'x', si scrive:

```
x = 10
```

Ci sono anche altri operatori di assegnazione che combinano l'assegnazione con un'operazione aritmetica. Questi operatori sono molto utili per abbreviare il codice. Ad esempio:

```
x += 5   # equivale a x = x + 5
y -= 3   # equivale a y = y - 3
z *= 2   # equivale a z = z * 2
```

In questo modo, la variabile viene prima modificata e poi assegnata.

Ci sono anche operatori di assegnazione per operazioni *bitwise* come:

```
x &= 2   # equivale a x = x & 2
y |= 8   # equivale a y = y | 8
z ^= 16   # equivale a z = z ^ 16
```

Inoltre, ci sono operatori di assegnazione per operazioni di scorrimento di bit come:

```
x <<= 3   # equivale a x = x << 3
y >>= 2   # equivale a y = y >> 2
```

Infine, l'operatore di assegnazione speciale := (chiamato operatore di assegnazione *walrus*) è stato introdotto in Python 3.8. Questo operatore consente di assegnare un valore a una variabile e allo stesso tempo utilizzarlo in un'espressione.

Ad esempio:

```python
if (n := len(my_list)) > 10:
    print(f"La lista è troppo lunga ({n} elementi,
massimo 10 consentiti)")
```

In questo esempio, la funzione len() restituisce la lunghezza della lista e assegna il valore alla variabile n, che viene utilizzata nell'espressione n > 10.

Operatori d'identità:

Gli operatori d'identità sono utilizzati per confrontare l'identità degli oggetti, ovvero se due oggetti sono lo stesso oggetto in memoria. In Python, ci sono due operatori d'identità: *'is'* e *'is not'*.

L'operatore *'is'* restituisce *True* se le due variabili puntano allo stesso oggetto, altrimenti restituisce *False*. Ad esempio:

```python
x = [1, 2, 3]
y = x
z = [1, 2, 3]

print(x is y)   # Output: True, perché x e y puntano
allo stesso oggetto
print(x is z)   # Output: False, perché x e z puntano
a due oggetti differenti
```

L'operatore *'is not'* è l'opposto di *'is'*. Restituisce *True* se le due variabili puntano a oggetti differenti, altrimenti restituisce *False*. Ad esempio:

```
x = [1, 2, 3]
y = x
z = [1, 2, 3]

print(x is not y)   # Output: False, perché x e y
puntano allo stesso oggetto
print(x is not z)   # Output: True, perché x e z
puntano a due oggetti differenti
```

Gli operatori d'identità sono utili per verificare se due variabili puntano allo stesso oggetto, ad esempio quando si lavora con oggetti mutabili come liste, dizionari o oggetti personalizzati. Tuttavia, di solito è sufficiente utilizzare gli operatori di confronto '==' e '!=' per verificare l'uguaglianza o la disuguaglianza tra i valori di due variabili, a meno che non si abbia specificamente bisogno di verificare l'identità degli oggetti.

Operatori d'appartenenza:
Gli operatori di appartenenza in Python sono utilizzati per verificare se un valore è presente in una sequenza. Ci sono due operatori di appartenenza: *"in"* e *"not in"*.

L'operatore *"in"* restituisce *True* se il valore è presente nella sequenza, altrimenti restituisce *False*. Ecco un esempio:

```
frutta = ['mela', 'banana', 'kiwi']
if 'mela' in frutta:
    print("La mela è presente nella lista di frutta.")
```
In questo esempio, il programma verifica se "mela" è presente nella lista "frutta". Se lo è, viene stampato il messaggio "La mela è presente nella lista di frutta."

L'operatore *"not in"* funziona in modo simile, ma restituisce *True* se il valore non è presente nella sequenza. Ecco un esempio:

```
frutta = ['mela', 'banana', 'kiwi']
if 'arancia' not in frutta:
    print("L'arancia non è presente nella lista di
    frutta.")
```

In questo esempio, il programma verifica se "arancia" non è presente nella lista "frutta". Se non lo è, viene stampato il messaggio "L'arancia non è presente nella lista di frutta."

Gli operatori di appartenenza sono utili quando si lavora con dati strutturati come liste, tuple e set. Sono anche spesso utilizzati in combinazione con i cicli for per iterare su una sequenza e verificare la presenza o l'assenza di determinati elementi.

Operatori bitwise:
Gli operatori bitwise sono utilizzati per manipolare i singoli bit di un numero binario. Essi eseguono operazioni tra i bit di due numeri e producono un risultato che dipende dalla

relazione tra i bit coinvolti. Gli operatori bitwise in Python sono:

& (AND): restituisce 1 se entrambi i bit sono 1
| (OR): restituisce 1 se almeno uno dei bit è 1
^ (XOR): restituisce 1 se i bit sono diversi
~ (NOT): inverte i bit
<< (shift a sinistra): sposta tutti i bit a sinistra di un numero di posizioni specificato
(shift a destra): sposta tutti i bit a destra di un numero di posizioni specificato

Ecco alcuni esempi per illustrare il funzionamento degli operatori bitwise:

```
a = 60     # 60 in binario è 0011 1100
b = 13     # 13 in binario è 0000 1101

# AND
c = a & b   # 12 in binario è 0000 1100
print("Risultato AND: ", c)

# OR
c = a | b   # 61 in binario è 0011 1101
print("Risultato OR: ", c)

# XOR
c = a ^ b   # 49 in binario è 0011 0001
print("Risultato XOR: ", c)

# NOT
```

```python
c = ~a     # -61 in binario è 1100 0011 (numero
negativo in complemento a due)
print("Risultato NOT: ", c)

# Shift a sinistra
c = a << 2   # 240 in binario è 1111 0000
print("Risultato shift a sinistra: ", c)

# Shift a destra
c = a >> 2   # 15 in binario è 0000 1111
print("Risultato shift a destra: ", c)
```

Come si può vedere dagli esempi, gli operatori bitwise sono molto utili per manipolare i bit di un numero e ottenere il risultato desiderato. Tuttavia, è importante prestare attenzione al fatto che gli operatori bitwise possono rendere il codice meno leggibile e possono avere effetti indesiderati se non usati correttamente.

Capitolo 3:
Istruzioni di Controllo del Flusso

Le istruzioni di controllo del flusso consentono di definire il comportamento di un programma in base a diverse condizioni. In Python, ci sono tre tipi di istruzioni di controllo del flusso: le istruzioni di selezione, le istruzioni di iterazione e le istruzioni di salto. In questo capitolo, esploreremo ciascuno di questi tipi di istruzioni e vedremo come usarle correttamente.

Istruzioni di Selezione

Le istruzioni di selezione consentono di eseguire un blocco di codice solo se una determinata condizione è soddisfatta. In Python, le istruzioni di selezione sono rappresentate da "if", "else" e "elif".

L'istruzione "if" viene utilizzata per eseguire un blocco di codice solo se la condizione specificata è vera. Ad esempio, se vogliamo stampare "Il numero è positivo" solo se il numero è maggiore di 0, possiamo usare l'istruzione "if" come segue:

```
numero = 10
if numero > 0:
    print("Il numero è positivo")
```

In questo esempio, la condizione è "numero > 0", che viene valutata come vera, quindi il blocco di codice all'interno dell'istruzione "if" viene eseguito e viene stampato "Il numero è positivo".

L'istruzione "else" viene utilizzata per eseguire un blocco di codice quando la condizione dell'istruzione "if" è falsa. Ad esempio, se vogliamo stampare "Il numero è negativo" quando il numero è minore o uguale a 0, possiamo usare l'istruzione "else" come segue:

```
numero = -5
if numero > 0:
    print("Il numero è positivo")
else:
    print("Il numero è negativo")
```

In questo esempio, la condizione dell'istruzione "if" è falsa, quindi il blocco di codice all'interno dell'istruzione "else" viene eseguito e viene stampato "Il numero è negativo".

L'istruzione "elif" viene utilizzata quando si hanno più condizioni da verificare. Ad esempio, se vogliamo stampare "Il numero è uguale a zero" quando il numero è uguale a 0, possiamo usare l'istruzione "elif" come segue:

```
numero = 0
if numero > 0:
    print("Il numero è positivo")
elif numero == 0:
    print("Il numero è uguale a zero")
else:
    print("Il numero è negativo")
```

In questo esempio, la prima condizione dell'istruzione "if" è falsa, quindi viene verificata la condizione dell'istruzione "elif". Essendo il numero uguale a 0, la condizione dell'istruzione "elif" viene valutata come vera e viene stampato "Il numero è uguale a zero". Se il numero fosse stato negativo, sarebbe stato eseguito il blocco di codice all'interno dell'istruzione "else".

Istruzioni di Iterazione

Le istruzioni di iterazione in Python consentono di eseguire un blocco di codice ripetutamente fino a quando una determinata condizione viene soddisfatta. Ci sono due principali istruzioni di iterazione in Python: while e for.

L'istruzione while esegue un blocco di codice finché una condizione è vera. La sintassi di base dell'istruzione while è la seguente:

```
while condizione:
    # blocco di codice
```

Il blocco di codice viene eseguito finché la condizione è vera. Ad esempio, il seguente codice utilizza un'istruzione while per stampare i numeri da 0 a 4:

```
i = 0
while i < 5:
    print(i)
    i += 1
```

L'istruzione for viene utilizzata per iterare su una sequenza di elementi, ad esempio una lista o una stringa. La sintassi di base dell'istruzione for è la seguente:

```
for elemento in sequenza:
    # blocco di codice
```

Il blocco di codice viene eseguito per ogni elemento nella sequenza. Ad esempio, il seguente codice utilizza un'istruzione for per stampare ogni carattere in una stringa:

```
frase = "Ciao Mondo!"
for carattere in frase:
    print(carattere)
```

Inoltre, è possibile utilizzare la funzione range() per generare una sequenza di numeri interi. Ad esempio, il seguente codice utilizza un'istruzione for con la funzione range() per stampare i numeri da 0 a 4:

```
for i in range(5):
    print(i)
```

In questo caso, la funzione range(5) genera una sequenza di numeri da 0 a 4, che vengono quindi stampati utilizzando un'istruzione for.

In generale, le istruzioni di iterazione sono molto utili quando si vuole eseguire un blocco di codice ripetutamente fino a quando una determinata condizione viene soddisfatta. Con l'istruzione while è possibile eseguire il blocco di codice finché una condizione è vera, mentre con l'istruzione for è possibile iterare su una sequenza di elementi o generare una sequenza di numeri interi utilizzando la funzione range().

Istruzioni di salto:
In Python, le istruzioni di salto sono quelle che permettono di saltare l'esecuzione del codice a una determinata posizione all'interno di un programma, ignorando una o più istruzioni.

Le tre istruzioni di salto disponibili in Python sono:

break: interrompe l'esecuzione del ciclo più interno in cui si trova, e il controllo passa alla prima istruzione dopo il ciclo.
Esempio:

```
for i in range(10):
    if i == 5:
    break
    print(i)
```

In questo esempio, quando i raggiunge il valore 5, l'istruzione break interrompe il ciclo for e l'esecuzione continua dalla prima istruzione dopo il ciclo.

continue: interrompe l'iterazione corrente del ciclo più interno in cui si trova, e il controllo passa alla prossima iterazione del ciclo.

Esempio:

```
for i in range(10):
    if i % 2 == 0:
        continue
    print(i)
```

In questo esempio, quando i è pari, l'istruzione continue interrompe l'iterazione corrente del ciclo for e il controllo passa alla prossima iterazione, ignorando l'istruzione di stampa.

pass: non fa nulla, serve semplicemente a specificare una struttura vuota, come un blocco vuoto di codice o una funzione vuota.
Esempio:

```
def mia_funzione():
    pass
```

In questo esempio, la funzione mia_funzione() è definita, ma non contiene alcuna istruzione. L'istruzione pass serve solo a indicare che la funzione è vuota, ma è necessaria per evitare errori di sintassi.

In generale, le istruzioni di salto devono essere usate con cautela e solo quando strettamente necessario, in quanto possono rendere il codice più difficile da comprendere e mantenere.

Capitolo 4:
Le funzioni di Python

Le funzioni in Python possono essere definite come blocchi di codice riutilizzabili che possono essere richiamati da diverse parti di un programma. Una volta definita una funzione, è possibile richiamarla in qualsiasi punto del codice semplicemente utilizzando il suo nome.

Le funzioni in Python sono molto utili per la modularizzazione del codice, cioè per dividere il codice in porzioni di piccole dimensioni, gestibili separatamente. In questo modo, è possibile gestire progetti di grandi dimensioni con facilità.

In Python, una funzione viene definita utilizzando la parola chiave "def", seguita dal nome della funzione, tra parentesi tonde si possono specificare eventuali argomenti da passare alla funzione, e infine i due punti. Il blocco di codice che costituisce la funzione viene indentato.

Ecco un esempio di definizione di una funzione che calcola la somma di due numeri:

```
def somma(a, b):
    return a + b
```

In questo caso, abbiamo definito una funzione chiamata "somma" che prende in input due argomenti, "a" e "b". La funzione restituisce la somma di "a" e "b" utilizzando l'operatore "+".

Per richiamare la funzione appena definita, possiamo semplicemente chiamarla con i due valori che vogliamo sommare:

```
risultato = somma(2, 3)
print(risultato) # output: 5
```

In questo caso, abbiamo assegnato alla variabile "risultato" il valore restituito dalla funzione "somma" chiamata con i valori 2 e 3 come argomenti. Successivamente, abbiamo stampato il valore di "risultato" a schermo, ottenendo come output il valore 5.

In Python, le funzioni possono anche essere definite senza argomenti, o con argomenti predefiniti:

```
def saluta():
    print("Ciao!")

def saluta_nome(nome):
    print(f"Ciao {nome}!")

def saluta_nome_lingua(nome, lingua="italiano"):
    if lingua == "italiano":
        print(f"Ciao {nome}!")
    elif lingua == "francese":
        print(f"Bonjour {nome}!")
    elif lingua == "spagnolo":
        print(f"Hola {nome}!")
```

Nel primo esempio, abbiamo definito una funzione chiamata "saluta" che stampa a schermo il messaggio "Ciao!". Nel secondo esempio, abbiamo definito una funzione chiamata "saluta_nome" che prende in input un argomento "nome" e stampa a schermo un messaggio di saluto personalizzato utilizzando il nome passato come argomento. Infine, nel terzo esempio, abbiamo definito una funzione chiamata "saluta_nome_lingua" che prende in input un argomento "nome" e un argomento opzionale "lingua", il quale ha un valore predefinito di "italiano". In base al valore di "lingua", la funzione stampa un messaggio di saluto personalizzato nella lingua corrispondente.

Per richiamare le funzioni appena definite, possiamo utilizzare i seguenti comandi:

```
# Richiamo della funzione senza parametri
nome_funzione()

# Richiamo della funzione con parametri
nome_funzione(parametro1, parametro2, ...)

# Richiamo della funzione con argomenti opzionali
nome_funzione(parametro1=valore1,
parametro2=valore2, ...)
```

Quando richiamiamo una funzione, dobbiamo passare gli argomenti nella stessa posizione in cui sono definiti nella firma della funzione. Possiamo anche specificare gli argomenti in ordine diverso utilizzando la sintassi nome_argomento=valore_argomento.

Ad esempio, supponiamo di avere la seguente funzione:

```
def saluta(nome, saluto='Ciao'):
    print(saluto, nome)
```

Possiamo richiamare questa funzione in vari modi:

```
# Richiamiamo la funzione passando solo
l'argomento 'nome'
saluta('Mario')   # Output: Ciao Mario

# Richiamiamo la funzione passando sia
l'argomento 'nome' che 'saluto'
saluta('Maria', 'Buongiorno')   # Output: Buongiorno
Maria

# Richiamiamo la funzione passando l'argomento
'nome' e specificando il valore dell'argomento
opzionale 'saluto'
saluta(nome='Luigi', saluto='Hey')   # Output: Hey
Luigi
```

Scope delle Variabili

Quando definiamo una variabile all'interno di una funzione, essa esiste solo all'interno del blocco della funzione stessa. Questo significa che la variabile è definita solo nel cosiddetto "scope locale" della funzione.

Ad esempio:

```
def mia_funzione():
    x = 10
    print('Il valore di x è', x)

mia_funzione()   # Output: Il valore di x è 10
print(x)   # Errore: x non è definito
```

In questo esempio, la variabile x è definita all'interno della funzione mia_funzione(), quindi esiste solo all'interno della funzione stessa. Quando cerchiamo di accedere alla variabile x al di fuori della funzione, otteniamo un errore.

Quando una variabile viene definita invece nel "scope globale" (cioè fuori da una funzione), può essere utilizzata ovunque nel codice, inclusa all'interno di una funzione. Tuttavia, se si vuole modificare il valore di una variabile globale all'interno di una funzione, è necessario dichiararla come globale utilizzando la parola chiave "global". Ad esempio:

```
x = 10

def cambia_x():
    global x
    x = 5

cambia_x()

print(x)  # Output: 5
```

In questo esempio, abbiamo definito una variabile x all'esterno della funzione "cambia_x". Abbiamo quindi dichiarato la variabile x come globale all'interno della funzione utilizzando la parola chiave "global". In questo modo, quando viene chiamata la funzione "cambia_x", il valore di x viene modificato all'interno della funzione e questo valore modificato viene mantenuto dopo che la funzione è terminata. Quando viene eseguita la riga "print(x)", il valore di x è 5 perché è stato modificato dalla funzione "cambia_x".

È importante notare che l'utilizzo di variabili globali può rendere il codice più difficile da leggere e capire. Inoltre, l'utilizzo e la modifica di variabili globali all'interno di funzioni può rendere il codice più difficile da testare e da mantenere. È quindi una buona pratica limitare l'utilizzo di variabili globali e passare invece i valori come argomenti alle funzioni quando possibile.

In Python, è anche possibile definire funzioni all'interno di altre funzioni. Questo è noto come "funzioni nidificate". Ad esempio:

```python
def esterna():
    print("Questa è la funzione esterna")

    def interna():
        print("Questa è la funzione interna")

    interna()
```

```
esterna()
```

In questo esempio, abbiamo definito una funzione "esterna" che stampa un messaggio e definisce una seconda funzione "interna" che stampa un altro messaggio. Quando la funzione "esterna" viene chiamata, viene eseguito il suo codice, compresa la definizione della funzione "interna". Successivamente, viene chiamata la funzione "interna", che stampa il suo messaggio. L'output di questo codice sarebbe:

```
Questa è la funzione esterna
Questa è la funzione interna
```

In generale, le funzioni nidificate possono essere utilizzate per organizzare il codice in modo più logico e facile da leggere e per nascondere le funzioni ausiliarie che non devono essere utilizzate da altre parti del codice.

Le funzioni possono anche restituire un valore utilizzando la parola chiave "return".
Ad esempio:

```
def somma(a, b):
    return a + b

risultato = somma(2, 3)
print(risultato)  # Output: 5
```

In questo esempio, abbiamo definito una funzione chiamata "somma" che prende due argomenti, "a" e "b", e restituisce la loro somma utilizzando la parola chiave "return". Successivamente, abbiamo chiamato la funzione "somma" con gli argomenti 2 e 3 e abbiamo assegnato il risultato a una variabile chiamata "risultato".

Vediamo ora un altro esempio di definizione di una funzione in Python:

```python
def calcola_media(lista):
    totale = 0
    for num in lista:
        totale += num
    media = totale / len(lista)
    return media
```

In questo esempio, abbiamo definito una funzione chiamata "calcola_media" che prende un argomento, "lista", che dovrebbe essere una lista di numeri. La funzione calcola la media di questi numeri e restituisce il risultato utilizzando la parola chiave "return".

Per utilizzare questa funzione, possiamo passare una lista di numeri come argomento:

```python
numeri = [2, 4, 6, 8, 10]
media = calcola_media(numeri)
print("La media è:", media)
```

In questo esempio, abbiamo creato una lista di numeri e l'abbiamo passata alla funzione "calcola_media". La funzione ha calcolato la media dei numeri e l'ha restituita, che abbiamo assegnato alla variabile "media". Infine, abbiamo stampato il risultato utilizzando la funzione "print".

Oltre alle funzioni semplici come quelle sopra descritte, Python ci consente di definire anche funzioni ricorsive, ovvero funzioni che richiamano se stesse. Ad esempio, la seguente funzione calcola il fattoriale di un numero utilizzando la ricorsione:

```
def fattoriale(n):
    if n == 0:
        return 1
    else:
        return n * fattoriale(n-1)
```

In questo esempio, abbiamo definito una funzione chiamata "fattoriale" che prende un argomento "n". La funzione utilizza una struttura di controllo "if" per gestire il caso base in cui "n" è uguale a zero, in questo caso la funzione restituisce 1. In caso contrario, la funzione richiama se stessa passando come argomento "n-1" e moltiplica il risultato per "n".

Ad esempio, possiamo utilizzare la funzione "fattoriale" per calcolare il fattoriale di un numero come segue:

```
n = 5
risultato = fattoriale(n)
print("Il fattoriale di", n, "è", risultato)
```

In questo esempio, abbiamo calcolato il fattoriale di 5 utilizzando la funzione "fattoriale". La funzione ha utilizzato la ricorsione per calcolare il risultato, che abbiamo assegnato alla variabile "risultato". Infine, abbiamo stampato il risultato utilizzando la funzione "print".

In conclusione, le funzioni sono uno strumento molto potente in Python che ci consente di scrivere codice più modulare, riutilizzabile e leggibile. Le funzioni ci aiutano anche a suddividere un grande problema in problemi più piccoli e gestibili, semplificando il processo di sviluppo del software. Con questo capitolo, abbiamo coperto le basi delle funzioni in Python, come definirle, chiamarle e passare argomenti. Abbiamo anche esaminato l'importanza della portata e della visibilità delle variabili e il concetto di funzioni ricorsive.

Inoltre, abbiamo visto come le funzioni possono essere utilizzate per creare moduli in Python, che possono essere importati in altri programmi e utilizzati per aggiungere funzionalità. Abbiamo discusso di come scrivere documentazione per le nostre funzioni e di come gestire gli errori all'interno delle nostre funzioni.

Infine, abbiamo visto alcuni esempi di funzioni comuni in Python, come le funzioni matematiche, le funzioni di input/output e le funzioni di manipolazione delle stringhe. Abbiamo anche esaminato alcune librerie standard di Python, come la libreria math e la libreria random, che ci forniscono funzioni utili per svolgere operazioni matematiche e generare numeri casuali.

Con una buona comprensione delle funzioni in Python, siamo in grado di scrivere codice più efficiente e robusto, semplificando il processo di sviluppo del software e rendendo i nostri programmi più leggibili e mantenibili.

Capitolo 5:
Le Liste e le Tuple in Python

Python offre molte strutture dati che ci permettono di organizzare e manipolare dati in modo efficiente. Tra queste, due delle più importanti sono le liste e le tuple.

Le liste e le tuple sono entrambe strutture dati che ci permettono di raggruppare un insieme di valori in una singola variabile. La differenza principale tra le due è che le liste sono mutabili, cioè possono essere modificate dopo la loro creazione, mentre le tuple sono immutabili, cioè una volta create non possono essere modificate.

Iniziamo parlando delle liste. Una lista è una sequenza di valori separati da virgole, racchiusi tra parentesi quadre. Ad esempio, possiamo creare una lista di numeri come segue:

numeri = [1, 2, 3, 4, 5]

Le liste possono contenere valori di qualsiasi tipo, compresi altri oggetti complessi come altre liste. Ad esempio, possiamo creare una lista di liste come segue:

matrice = [[1, 2, 3], [4, 5, 6], [7, 8, 9]]

Per accedere ai valori all'interno di una lista, possiamo utilizzare l'operatore di indicizzazione, che consiste nel posizionare le parentesi quadre dopo il nome della lista e indicare l'indice del valore desiderato. Gli indici in Python partono da 0. Ad esempio, per accedere al primo valore nella lista "numeri", possiamo scrivere:

```
print(numeri[0])
```

Questo restituirà il valore 1.

Inoltre, possiamo utilizzare anche gli indici negativi, che partono dalla fine della lista. Ad esempio, per accedere all'ultimo valore della lista "numeri", possiamo scrivere:

```
print(numeri[-1])
```

Questo restituirà il valore 5.

Per aggiungere un valore a una lista esistente, possiamo utilizzare il metodo "append". Ad esempio, per aggiungere il valore 6 alla lista "numeri", possiamo scrivere:

```
numeri.append(6)
```

Questo aggiungerà il valore 6 alla fine della lista "numeri".

Per rimuovere un valore da una lista, possiamo utilizzare il metodo "remove". Ad esempio, per rimuovere il valore 3 dalla lista "numeri", possiamo scrivere:

```
numeri.remove(3)
```

Questo rimuoverà il valore 3 dalla lista "numeri".

Passiamo ora alle tuple. Una tupla è simile a una lista, ma invece di parentesi quadre utilizza le parentesi tonde per racchiudere i valori. Ad esempio, possiamo creare una tupla di numeri come segue:

numeri_tupla = (1, 2, 3, 4, 5)

Come già detto, le tuple sono immutabili, quindi non possono essere modificate dopo la loro creazione. Tuttavia, possiamo accedere ai valori all'interno di una tupla utilizzando l'operatore di indicizzazione in modo simile alle liste.

Ad esempio, se abbiamo una tupla "numeri_tupla" contenente i valori (1, 2, 3, 4, 5), possiamo accedere al primo valore nella tupla utilizzando la seguente sintassi:

numeri_tupla[0]

Questo restituirà il valore 1, poiché gli indici delle tuple (e delle liste) iniziano da 0. Possiamo accedere ad altri valori nella tupla utilizzando lo stesso operatore di indicizzazione, ad esempio:

numeri_tupla[2] # restituisce il valore 3
numeri_tupla[-1] # restituisce l'ultimo valore nella tupla, ovvero 5

Inoltre, possiamo utilizzare l'operatore di slicing per accedere a una porzione della tupla. Ad esempio, se vogliamo accedere ai primi tre valori della tupla "numeri_tupla", possiamo utilizzare il seguente codice:

numeri_tupla[:3] # restituisce (1, 2, 3)
L'operatore di slicing "[:3]" restituisce i valori dalla posizione 0 (inclusa) alla posizione 3 (esclusa).

Oltre all'accesso ai valori, possiamo anche combinare tuple utilizzando l'operatore di concatenazione "+". Ad esempio, se abbiamo due tuple "tupla1" e "tupla2", possiamo unirle in una nuova tupla "tupla3" utilizzando il seguente codice:

```
tupla1 = (1, 2, 3)
tupla2 = (4, 5, 6)
tupla3 = tupla1 + tupla2
```

In questo esempio, la tupla3 conterrà i valori (1, 2, 3, 4, 5, 6).

Un'altra caratteristica interessante delle tuple è il concetto di "unpacking", ovvero la possibilità di assegnare i valori di una tupla a diverse variabili in una sola riga di codice. Ad esempio, se abbiamo una tupla "coordinate" contenente due valori (x, y), possiamo assegnare questi valori a due variabili "x" e "y" utilizzando la seguente sintassi:

coordinate = (3, 4)
x, y = coordinate
Dopo l'esecuzione di queste due righe di codice, la variabile "x" conterrà il valore 3 e la variabile "y" conterrà il valore 4.

Passando ora alle liste, sono molto simili alle tuple, ma con una differenza importante: sono mutabili, il che significa che possiamo modificarle dopo la loro creazione.
Come per le tuple, possiamo accedere ai valori all'interno di una lista utilizzando l'operatore di indicizzazione. Ad esempio, se vogliamo accedere al primo valore nella lista "numeri_lista", possiamo farlo con la sintassi numeri_lista[0].

Inoltre, possiamo utilizzare anche l'operatore di slicing per selezionare una porzione della lista. Ad esempio, se vogliamo selezionare i primi tre numeri della lista "numeri_lista", possiamo farlo con la sintassi numeri_lista[:3]. L'operatore di slicing restituisce una nuova lista che contiene gli elementi selezionati.

È importante notare che, a differenza delle tuple, le liste sono mutabili. Ciò significa che possiamo modificare gli elementi all'interno di una lista. Ad esempio, se vogliamo cambiare il secondo valore nella lista "numeri_lista" da 5 a 10, possiamo farlo con la sintassi numeri_lista[1] = 10.

In Python, le liste possono contenere elementi di diversi tipi, incluso altri oggetti complessi come liste e tuple. Ad esempio, possiamo creare una lista di liste, chiamata una lista annidata, come mostrato nell'esempio seguente:

lista_annidata = [[1, 2, 3], [4, 5, 6], [7, 8, 9]]

In questo esempio, abbiamo creato una lista di tre liste, ognuna delle quali contiene tre numeri interi. Possiamo accedere ai singoli valori all'interno della lista annidata utilizzando la sintassi dell'operatore di indicizzazione. Ad esempio, per accedere al valore 5, possiamo utilizzare la sintassi lista_annidata[1][1].

Le liste in Python supportano anche molte funzioni utili per l'elaborazione dei dati. Ad esempio, possiamo utilizzare la funzione len() per determinare la lunghezza della lista, ovvero il numero di elementi che contiene. Possiamo utilizzare la funzione append() per aggiungere un nuovo elemento alla fine della lista. Possiamo utilizzare la funzione insert() per inserire un nuovo elemento in una posizione specifica all'interno della lista. Possiamo utilizzare la funzione remove() per rimuovere un elemento dalla lista. Possiamo utilizzare la funzione pop() per rimuovere e restituire l'ultimo elemento della lista.

Un'altra caratteristica interessante delle liste in Python è la loro capacità di essere iterate attraverso un ciclo for. Ad esempio, possiamo utilizzare un ciclo for per stampare ogni valore nella lista "numeri_lista", come mostrato nell'esempio seguente:

```
for numero in numeri_lista:
    print(numero)
```

In questo esempio, stiamo utilizzando un ciclo for per iterare attraverso ogni valore nella lista "numeri_lista" e stamparlo sulla console. Questa è una tecnica molto utile per l'elaborazione di grandi quantità di dati in modo efficiente.

In sintesi, le liste e le tuple sono oggetti importanti in Python che ci consentono di gestire e organizzare i dati in modo efficace. Le liste sono oggetti mutabili che possono contenere un insieme di valori di qualsiasi tipo, mentre le tuple sono immutabili e contengono un insieme di valori di qualsiasi tipo.

Le liste e le tuple sono simili, ma presentano alcune differenze importanti. Ad esempio, le liste possono essere modificate dopo la loro creazione, mentre le tuple non possono. Inoltre, le liste sono definite utilizzando parentesi quadre, mentre le tuple sono definite utilizzando parentesi tonde.

Una delle principali operazioni che possiamo eseguire su una lista o una tupla è l'accesso ai valori contenuti al loro interno. Come abbiamo visto, possiamo accedere ai valori all'interno di una lista o una tupla utilizzando l'operatore di indicizzazione. Ad esempio, per accedere al primo valore in una lista, possiamo utilizzare la sintassi "lista[0]", mentre per accedere al primo valore in una tupla, possiamo utilizzare la sintassi "tupla[0]".

Oltre all'accesso ai valori, le liste e le tuple supportano anche altre operazioni, come l'aggiunta di nuovi valori, la rimozione di valori esistenti e la modifica di valori esistenti. Ad esempio, possiamo utilizzare il metodo "append" per aggiungere un nuovo valore alla fine di una lista, o il metodo "remove" per rimuovere un valore esistente da una lista.

Le liste e le tuple sono anche utilizzate frequentemente in combinazione con le istruzioni di iterazione, come "for" e "while". Ad esempio, possiamo utilizzare un ciclo "for" per iterare attraverso una lista o una tupla e manipolare i valori al loro interno.

Inoltre, le liste e le tuple sono spesso utilizzate in combinazione con le funzioni. Ad esempio, possiamo passare una lista o una tupla come argomento a una funzione e manipolare i valori all'interno della lista o della tupla all'interno della funzione.

Infine, è importante notare che le liste e le tuple non sono l'unico modo per organizzare i dati in Python. Esistono anche altri oggetti di dati, come i dizionari e gli insiemi, che hanno le loro proprie caratteristiche e sono utilizzati in modo specifico in determinati casi.

In conclusione, le liste e le tuple sono oggetti fondamentali in Python che ci consentono di organizzare e gestire i dati in modo efficace. La conoscenza di come utilizzare queste strutture dati è essenziale per la scrittura di codice Python efficiente e pulito.

Capitolo 6:
I Dizionari in Python

I dizionari sono una struttura dati molto importante in Python che ci consente di associare valori a chiavi in modo efficiente e flessibile. In questo capitolo vedremo come creare, manipolare e accedere ai dizionari in Python.

Un dizionario è un insieme non ordinato di coppie chiave-valore. Possiamo creare un dizionario in Python utilizzando le parentesi graffe {} e separando le coppie chiave-valore con la virgola. Ad esempio:

```
dizionario = {"nome": "Mario", "cognome": "Rossi", "eta": 30}
```

In questo esempio, abbiamo creato un dizionario con tre coppie chiave-valore: "nome" che ha come valore "Mario", "cognome" che ha come valore "Rossi" e "eta" che ha come valore 30.

Possiamo anche creare un dizionario vuoto utilizzando le parentesi graffe senza inserire alcuna coppia chiave-valore:

```
dizionario_vuoto = {}
```

Per accedere ai valori all'interno di un dizionario, possiamo utilizzare la sintassi dell'operatore di indicizzazione [] con la chiave corrispondente. Ad esempio, per accedere al valore corrispondente alla chiave "nome" nel dizionario "dizionario", possiamo scrivere:

```
nome = dizionario["nome"]
```

In questo modo, abbiamo assegnato alla variabile "nome" il valore "Mario".

È importante notare che se tentiamo di accedere ad una chiave che non esiste all'interno del dizionario, Python restituirà un'eccezione di tipo KeyError. Per evitare questo problema, possiamo utilizzare il metodo get() che ci consente di specificare un valore di default da restituire nel caso in cui la chiave non esista nel dizionario. Ad esempio, per accedere al valore corrispondente alla chiave "indirizzo" nel dizionario "dizionario", possiamo scrivere:

```
indirizzo = dizionario.get("indirizzo", "Non
disponibile")
```

In questo modo, abbiamo assegnato alla variabile "indirizzo" il valore "Non disponibile" poiché la chiave "indirizzo" non esiste nel dizionario.

Possiamo anche utilizzare il metodo keys() per ottenere una lista delle chiavi all'interno del dizionario e il metodo values() per ottenere una lista dei valori all'interno del dizionario. Ad esempio:

```
chiavi = dizionario.keys()
valori = dizionario.values()
```

In questo modo, abbiamo assegnato alla variabile "chiavi" una lista contenente le chiavi del dizionario e alla variabile "valori" una lista contenente i valori del dizionario.

Per aggiungere una nuova coppia chiave-valore ad un dizionario, possiamo utilizzare la sintassi dell'operatore di assegnazione [] con la nuova chiave. Ad esempio, per aggiungere la coppia chiave-valore "sesso": "M" al dizionario "dizionario", possiamo scrivere:

```
dizionario["sesso"] = "M"
```

In questo modo, abbiamo aggiunto una nuova coppia chiave-valore al dizionario.

Per rimuovere una coppia chiave-valore da un dizionario, possiamo utilizzare il metodo pop() specificando la chiave della coppia da rimuovere. Il metodo pop() restituisce il valore corrispondente alla chiave specificata e rimuove la coppia dal dizionario. Se la chiave specificata non è presente nel dizionario, il metodo pop() solleverà un'eccezione KeyError. Possiamo anche utilizzare il metodo del per rimuovere una coppia chiave-valore dal dizionario.

Ecco un esempio di come utilizzare il metodo pop() e il metodo del per rimuovere una coppia chiave-valore da un dizionario:

```
# Creiamo un dizionario di esempio
```

```
dizionario = {"nome": "Mario", "cognome": "Rossi", "eta":
30}

    # Utilizziamo il metodo pop() per rimuovere la
    chiave "eta"
    valore_rimosso = dizionario.pop("eta")
    print(dizionario)   # Output: {"nome": "Mario",
    "cognome": "Rossi"}
    print(valore_rimosso)   # Output: 30

    # Utilizziamo il metodo del per rimuovere la chiave
    "cognome"
    del dizionario["cognome"]
    print(dizionario)   # Output: {"nome": "Mario"}
```

Inoltre, possiamo utilizzare il metodo clear() per rimuovere tutte le coppie chiave-valore dal dizionario, rendendolo vuoto.

```
    # Creiamo un dizionario di esempio
    dizionario = {"nome": "Mario", "cognome": "Rossi",
    "eta": 30}

    # Utilizziamo il metodo clear() per rimuovere tutte
    le coppie chiave-valore
    dizionario.clear()
    print(dizionario)   # Output: {}
```

Una volta che abbiamo un dizionario, possiamo accedere ai suoi valori utilizzando la sintassi dell'operatore di indicizzazione. Tuttavia, a differenza delle liste e delle tuple, non possiamo accedere ai valori del dizionario utilizzando l'indice numerico. Invece, dobbiamo utilizzare le chiavi del dizionario per accedere ai valori corrispondenti. Se proviamo ad accedere a una chiave che non esiste nel dizionario, otterremo un'eccezione KeyError.

```python
# Creiamo un dizionario di esempio
dizionario = {"nome": "Mario", "cognome": "Rossi",
"eta": 30}

# Accediamo ai valori del dizionario utilizzando la
sintassi dell'operatore di indicizzazione
print(dizionario["nome"])   # Output: "Mario"
print(dizionario["cognome"])   # Output: "Rossi"
print(dizionario["eta"])   # Output: 30

# Tentiamo di accedere a una chiave che non esiste
nel dizionario
print(dizionario["email"])   # Solleva un'eccezione
KeyError
```

Un'altra operazione utile sui dizionari è l'iterazione attraverso di essi. Possiamo utilizzare un ciclo for per iterare attraverso tutte le chiavi del dizionario e accedere ai valori corrispondenti utilizzando la sintassi dell'operatore di indicizzazione. Ad esempio:

```python
studenti = {
    "Mario": 18,
    "Giovanni": 20,
```

```
      "Anna": 19,
      "Luca": 17
}
```

```
for nome in studenti:
    print(nome, studenti[nome])
```

In questo esempio, abbiamo definito un dizionario "studenti" contenente i nomi e le età degli studenti. Abbiamo poi utilizzato un ciclo for per iterare attraverso le chiavi del dizionario (i nomi degli studenti) e abbiamo utilizzato la sintassi dell'operatore di indicizzazione per accedere ai valori corrispondenti (le loro età).

Possiamo anche utilizzare i metodi keys(), values() e items() per iterare attraverso un dizionario. Ad esempio:

```
studenti = {
    "Mario": 18,
    "Giovanni": 20,
    "Anna": 19,
    "Luca": 17
}
```

```
for nome in studenti.keys():
    print(nome)
```

```
for eta in studenti.values():
    print(eta)
```

```
for coppia in studenti.items():
```

```
print(coppia[0], coppia[1])
```

In questo esempio, abbiamo utilizzato il metodo keys() per iterare attraverso le chiavi del dizionario e il metodo values() per iterare attraverso i valori del dizionario. Inoltre, abbiamo utilizzato il metodo items() per iterare attraverso le coppie chiave-valore del dizionario e abbiamo utilizzato la sintassi dell'operatore di indicizzazione per accedere alle chiavi e ai valori corrispondenti.

È importante notare che l'ordine delle chiavi, dei valori e delle coppie chiave-valore durante l'iterazione attraverso un dizionario non è garantito. In altre parole, le chiavi, i valori e le coppie chiave-valore possono essere restituiti in un ordine diverso ogni volta che si itera attraverso il dizionario.

Un'altra operazione utile sui dizionari è la copia di un dizionario. Possiamo utilizzare il metodo copy() per creare una copia di un dizionario esistente. Ad esempio:

```
studenti = {
    "Mario": 18,
    "Giovanni": 20,
    "Anna": 19,
    "Luca": 17
}

studenti_copia = studenti.copy()
```

```
print(studenti_copia)
```

In questo esempio, abbiamo creato una copia del dizionario "studenti" utilizzando il metodo copy() e abbiamo assegnato la copia a una nuova variabile "studenti_copia".

Infine, è importante sottolineare che i dizionari in Python sono oggetti molto potenti e versatili che ci permettono di gestire e organizzare grandi quantità di dati in modo efficiente e flessibile. Sono utilizzati ampiamente in diversi ambiti della programmazione, come l'elaborazione dei dati, la gestione di database e l'interazione con le API.

In questo capitolo abbiamo esaminato le caratteristiche principali dei dizionari in Python, come la loro sintassi, la creazione e la modifica delle coppie chiave-valore, l'accesso ai valori tramite le chiavi e le varie operazioni che possiamo eseguire su di essi, come la rimozione di elementi, l'iterazione, la verifica dell'esistenza di una chiave e la lunghezza del dizionario.

Abbiamo iniziato spiegando la sintassi dei dizionari in Python, che è molto semplice e si basa sulla coppia chiave-valore racchiusa tra parentesi graffe. Abbiamo visto come creare un dizionario vuoto e come aggiungere elementi ad esso utilizzando la sintassi dell'operatore di assegnamento.

Inoltre, abbiamo analizzato l'accesso ai valori all'interno dei dizionari utilizzando le chiavi come indice, e abbiamo visto come modificare o aggiungere valori alle coppie chiave-valore. Abbiamo anche esplorato alcuni dei metodi utili che possiamo utilizzare per manipolare i dizionari, come i metodi keys(), values(), items() e len().

Inoltre, abbiamo approfondito le operazioni che possiamo eseguire sui dizionari, come la rimozione di elementi tramite la parola chiave del, la verifica dell'esistenza di una chiave in un dizionario utilizzando l'operatore "in" e la lunghezza del dizionario utilizzando la funzione len().

Infine, abbiamo discusso l'iterazione sui dizionari utilizzando un ciclo for e abbiamo visto come possiamo accedere alle chiavi e ai valori all'interno del dizionario utilizzando la sintassi dell'operatore di indicizzazione.

In generale, i dizionari in Python sono molto flessibili e ci consentono di gestire dati in modo molto efficiente, fornendo un modo semplice e veloce per memorizzare e recuperare informazioni attraverso chiavi. Grazie alla loro flessibilità e alla loro capacità di gestire grandi quantità di dati in modo efficiente, i dizionari sono diventati uno strumento essenziale per ogni programmatore Python.

Capitolo 7:

Le Stringhe in Python

Le stringhe sono uno dei tipi di dato fondamentali in Python, come in molti altri linguaggi di programmazione. Una stringa è una sequenza di caratteri e può essere definita utilizzando le virgolette singole (' ') o doppie (" "). Ad esempio:

> stringa1 = 'Questo è un esempio di stringa definita con le virgolette singole.'
> stringa2 = "Questo è un esempio di stringa definita con le virgolette doppie."

Le stringhe in Python sono immutabili, il che significa che una volta definita una stringa, non può essere modificata. Tuttavia, possiamo creare una nuova stringa utilizzando operazioni come la concatenazione, la ripetizione e l'indicizzazione.

Indicizzazione delle stringhe

Possiamo accedere ai singoli caratteri di una stringa utilizzando l'operatore di indicizzazione. L'indice di un carattere inizia da 0 per il primo carattere, e procede in ordine crescente fino all'ultimo carattere della stringa. Possiamo anche utilizzare un indice negativo per indicizzare la stringa dall'ultimo carattere al primo.Ad esempio:

> stringa = "Python è un linguaggio di programmazione molto popolare."

```
print(stringa[0])    # Output: "P"
print(stringa[6])    # Output: "è"
print(stringa[-1])   # Output: "."
```

Slicing delle stringhe

Possiamo utilizzare lo slicing delle stringhe per estrarre una sottostringa da una stringa più grande. Lo slicing viene fatto utilizzando l'operatore ":", specificando l'indice di inizio e l'indice di fine della sottostringa desiderata. L'indice di inizio è incluso nella sottostringa, mentre l'indice di fine no.
Ad esempio:

```
stringa = "Python è un linguaggio di
programmazione molto popolare."
sottostringa1 = stringa[0:6]
sottostringa2 = stringa[7:23]
sottostringa3 = stringa[32:]

print(sottostringa1)   # Output: "Python"
print(sottostringa2)   # Output: "è un linguaggio"
print(sottostringa3)   # Output: "popolare."
```

Concatenazione delle stringhe

Possiamo concatenare le stringhe utilizzando l'operatore "+". Ciò significa che possiamo unire due o più stringhe in una singola stringa.
Ad esempio:

```
stringa1 = "Python è un linguaggio di
programmazione "
```

```
stringa2 = "molto popolare."
stringa3 = stringa1 + stringa2

print(stringa3)   # Output: "Python è un linguaggio
di programmazione molto popolare."
```

Ripetizione delle stringhe

Possiamo ripetere una stringa utilizzando l'operatore "*".
Ciò significa che possiamo ripetere una stringa un certo
numero di volte.
Ad esempio:

```
stringa = "Python"
stringa_ripetuta = stringa * 3

print(stringa_ripetuta)   # Output:
"PythonPythonPython"
```

Metodi delle stringhe

In Python le stringhe sono oggetti di tipo "str" e come tali
hanno diversi metodi disponibili che permettono di
eseguire operazioni su di esse. Ecco alcuni dei metodi più
comuni delle stringhe in Python:

1. upper(): restituisce una copia della stringa in maiuscolo.

2. lower(): restituisce una copia della stringa in minuscolo.

3. capitalize(): restituisce una copia della stringa con la prima
   lettera in maiuscolo e tutte le altre in minuscolo.

4. title(): restituisce una copia della stringa con la prima lettera di ogni parola in maiuscolo e tutte le altre in minuscolo.

5. strip(): restituisce una copia della stringa senza spazi iniziali e finali.

6. replace(): sostituisce tutte le occorrenze di una sottostringa con un'altra sottostringa.

7. split(): suddivide la stringa in una lista di sottostringhe, utilizzando uno specifico separatore.

8. join(): unisce una lista di sottostringhe in una singola stringa, utilizzando uno specifico separatore.

9. find(): cerca la posizione della prima occorrenza di una sottostringa all'interno della stringa.

10. count(): conta il numero di occorrenze di una sottostringa all'interno della stringa.

11. startswith(): controlla se la stringa inizia con una specifica sottostringa.

12. endswith(): controlla se la stringa termina con una specifica sottostringa.

13. Isalpha(): solo caratteri alfabetici

14. Isnumeric(): solo caratteri numerici

15. Isalnum(): solo caratteri alfanumerici

16. Isspace(): tutti i caratteri sono spazi bianchi

Il metodo upper() è un metodo delle stringhe in Python che converte tutte le lettere di una stringa in lettere maiuscole. La sua sintassi è la seguente:

```
stringa.upper()
```

dove stringa è la stringa a cui vogliamo applicare il metodo.
Ad esempio:

```
frase = "questa è una frase di esempio"
frase_maiuscola = frase.upper()
print(frase_maiuscola)
```

Output:

```
QUESTA È UNA FRASE DI ESEMPIO
```

Come possiamo vedere dall'esempio, il metodo upper() ha convertito tutte le lettere minuscole in lettere maiuscole. Questo metodo è molto utile quando vogliamo manipolare le stringhe e confrontarle in modo case-insensitive.

Va notato che il metodo upper() non modifica la stringa originale, ma ne crea una nuova. Se vogliamo modificare la stringa originale, dobbiamo assegnare il valore restituito dal metodo upper() alla stessa variabile che contiene la stringa originale.

Ad esempio:

```
frase = "questa è una frase di esempio"
frase = frase.upper()
print(frase)
```

Output:

QUESTA È UNA FRASE DI ESEMPIO

In questo esempio, la stringa originale è stata modificata assegnando il valore restituito dal metodo upper() alla stessa variabile frase.

Il metodo lower() è un metodo delle stringhe in Python che restituisce una nuova stringa in cui tutti i caratteri in lettere maiuscole vengono convertiti in lettere minuscole. Ad esempio:

```
frase = "QUESTA E' UNA FRASE DI ESEMPIO"
frase_minuscola = frase.lower()
print(frase_minuscola)
```

Output:

questa è una frase di esempio

Come si può vedere dall'esempio, il metodo lower() ha convertito tutti i caratteri maiuscoli della stringa originale in caratteri minuscoli.

Questo metodo è utile quando si vuole confrontare le stringhe in modo che le lettere maiuscole e minuscole non influiscano sul risultato del confronto. Inoltre, può essere utilizzato per normalizzare i dati in modo che siano tutti in lettere minuscole, rendendo più facile la manipolazione delle stringhe.

Il metodo capitalize() è un metodo delle stringhe in Python che restituisce una copia della stringa originale con la prima lettera maiuscola e le altre lettere minuscole. In pratica, il metodo modifica solo la prima lettera della stringa, lasciando invariato il resto.

Ecco un esempio di come utilizzare il metodo capitalize() in Python:

```
stringa = "ciao mondo!"
stringa_capitalizzata = stringa.capitalize()
print(stringa_capitalizzata)
```

L'output di questo codice sarà:

Ciao mondo!

Come possiamo vedere, il metodo capitalize() ha modificato la stringa originale "ciao mondo!" in "Ciao mondo!", con la prima lettera maiuscola e le altre lettere minuscole.

Il metodo capitalize() può essere utilizzato per rendere una stringa più leggibile e uniforme, ad esempio per capitalizzare i nomi propri o i titoli di testo.

Il metodo title() è un metodo delle stringhe in Python che restituisce una nuova stringa in cui la prima lettera di ogni parola è convertita in maiuscolo e tutte le altre lettere in minuscolo.

Ad esempio, se abbiamo la stringa "ciao mondo", possiamo utilizzare il metodo title() per ottenere una nuova stringa "Ciao Mondo".

Ecco un esempio di utilizzo del metodo title() in Python:

```
testo = "il sole splende"
testo_title = testo.title()
print(testo_title)
```

In questo esempio, la stringa originale "il sole splende" viene assegnata alla variabile testo. Il metodo title() viene poi chiamato su questa stringa e il risultato viene assegnato alla variabile testo_title. Infine, la nuova stringa "Il Sole Splende" viene stampata a schermo.

Il metodo title() è particolarmente utile quando si lavora con stringhe che rappresentano nomi propri o titoli, in cui è importante rispettare le convenzioni di maiuscole e minuscole.

Il metodo strip() è un metodo delle stringhe in Python che rimuove gli spazi vuoti (o altri caratteri specificati) all'inizio e alla fine di una stringa.

La sintassi del metodo strip() è la seguente:

```
stringa.strip([carattere_da_rimuovere])
```

dove stringa è la stringa da cui vogliamo rimuovere i caratteri, e carattere_da_rimuovere è l'argomento opzionale che specifica i caratteri da rimuovere dalla stringa. Se non viene specificato, il metodo strip() rimuove gli spazi vuoti (tabulazioni, spazi, ritorni a capo, ecc.) dalla stringa.
Ad esempio:

```
stringa = "   Ciao, sono una stringa   "
stringa_pulita = stringa.strip()
print(stringa_pulita)
```

In questo caso, il metodo strip() rimuove gli spazi vuoti all'inizio e alla fine della stringa "stringa", e restituisce la stringa pulita "Ciao, sono una stringa".

Possiamo anche specificare il carattere o la sequenza di caratteri da rimuovere dalla stringa. Ad esempio:

```
stringa = "***Ciao, sono una stringa***"
```

```
stringa_pulita = stringa.strip("*")
print(stringa_pulita)
```

In questo caso, il metodo strip("*") rimuove tutti gli asterischi all'inizio e alla fine della stringa "stringa", e restituisce la stringa pulita "Ciao, sono una stringa".

Il metodo strip() è molto utile quando dobbiamo elaborare le stringhe, poiché ci consente di rimuovere i caratteri non necessari che possono essere presenti all'inizio e alla fine della stringa.

Il metodo replace() è uno dei metodi più comuni delle stringhe in Python. Esso permette di sostituire una sottostringa all'interno di una stringa con un'altra sottostringa specificata.

La sintassi del metodo replace() è la seguente:

```
stringa.replace(sottostringa_da_sostituire,
sottostringa_sostitutiva)
```

dove:
stringa è la stringa su cui si vuole effettuare la sostituzione;
sottostringa_da_sostituire è la sottostringa da sostituire all'interno della stringa;
sottostringa_sostitutiva è la sottostringa con cui sostituire la sottostringa da sostituire.
Ad esempio:

```
frase = "La mia gatta si chiama Micia"
```

```
nuova_frase = frase.replace("Micia", "Fuffy")
print(nuova_frase)
```

In questo esempio, il metodo replace() viene utilizzato per sostituire la sottostringa "Micia" con "Fuffy" all'interno della stringa "frase". Il risultato dell'esecuzione del codice sarà la nuova stringa "La mia gatta si chiama Fuffy".

Il metodo replace() può anche essere utilizzato per eliminare una sottostringa all'interno di una stringa. In questo caso, si specifica una sottostringa sostitutiva vuota. Ad esempio:

```
testo = "Questa è una prova di replace"
testo_senza_spazi = testo.replace(" ", "")
print(testo_senza_spazi)
```

In questo caso, il metodo replace() viene utilizzato per eliminare tutti gli spazi presenti all'interno della stringa "testo". Il risultato dell'esecuzione del codice sarà la nuova stringa "Questaèunaprovadireplace".

Il metodo split() è un metodo delle stringhe in Python che suddivide una stringa in una lista di sottostringhe, utilizzando un delimitatore specificato come argomento. Ad esempio, se abbiamo la stringa "ciao mondo", possiamo utilizzare il metodo split() per suddividerla in due sottostringhe, "ciao" e "mondo", utilizzando lo spazio come delimitatore.

Ecco un esempio:

```
frase = "ciao mondo"
sottostringhe = frase.split()
print(sottostringhe)
```

Output:

```
['ciao', 'mondo']
```

Il metodo split() può anche essere utilizzato con un delimitatore personalizzato. Ad esempio, se abbiamo la stringa "1-2-3-4-5", possiamo utilizzare il metodo split() per suddividerla in una lista di sottostringhe utilizzando il trattino come delimitatore.
Ecco un esempio:

```
numeri = "1-2-3-4-5"
sottostringhe = numeri.split("-")
print(sottostringhe)
```

Output:

```
['1', '2', '3', '4', '5']
```

In questo esempio, abbiamo utilizzato il trattino come delimitatore per suddividere la stringa "1-2-3-4-5" in una lista di sottostringhe contenenti i numeri separati.

Il metodo join() è un metodo delle stringhe in Python che consente di unire una lista di sottostringhe in una singola stringa, utilizzando la stringa originale come delimitatore.

In altre parole, il metodo join() unisce le sottostringhe utilizzando una stringa di separazione specificata.

La sintassi del metodo join() è la seguente:

stringa_delimitatore.join(lista_di_sottostringhe)

dove stringa_delimitatore è la stringa che verrà utilizzata come delimitatore per unire le sottostringhe e lista_di_sottostringhe è la lista delle sottostringhe da unire.

Ad esempio, consideriamo la seguente lista di stringhe:

sottostringhe = ["Hello", "world", "how", "are", "you"]

Possiamo unire queste stringhe in una singola stringa utilizzando il metodo join() in questo modo:

" ".join(sottostringhe)

In questo caso, abbiamo utilizzato uno spazio come delimitatore, quindi il risultato sarebbe:

"Hello world how are you"

Il metodo join() è molto utile quando si lavora con stringhe e liste di stringhe in Python. Ad esempio, se abbiamo una lista di nomi e vogliamo stamparli tutti in una singola riga separati da virgole, possiamo utilizzare il metodo join() in questo modo:

```
nomi = ["Alice", "Bob", "Charlie", "Dave"]
print(", ".join(nomi))
```

Il risultato sarebbe:

```
"Alice, Bob, Charlie, Dave"
```

In generale, il metodo join() è un modo semplice e conveniente per unire le stringhe in Python.

Il metodo find() è utilizzato per cercare la posizione della prima occorrenza di una sottostringa all'interno di una stringa. Prende come argomento la sottostringa da cercare e restituisce l'indice della posizione in cui viene trovata la sottostringa all'interno della stringa. Se la sottostringa non viene trovata, il metodo restituisce il valore -1.

La sintassi del metodo find() è la seguente:

```
stringa.find(sottostringa, inizio, fine)
```

dove:
stringa è la stringa su cui eseguire la ricerca
sottostringa è la sottostringa da cercare
inizio è l'indice di partenza della ricerca (facoltativo, di default è 0)
fine è l'indice di fine della ricerca (facoltativo, di default è la lunghezza della stringa)

Ad esempio, consideriamo la seguente stringa:

frase = "La vita è una cosa meravigliosa."

Per trovare la posizione della prima occorrenza della sottostringa "vita" all'interno della stringa frase, possiamo utilizzare il metodo find() nel seguente modo:

```
posizione = frase.find("vita")
print(posizione) # output: 3
```

In questo caso, il metodo find() restituisce l'indice 3, poiché la sottostringa "vita" inizia alla posizione 3 della stringa frase.

Se la sottostringa non viene trovata, il metodo find() restituisce -1. Ad esempio:

```
posizione = frase.find("felicità")
print(posizione) # output: -1
```

In questo caso, il metodo find() restituisce -1, poiché la sottostringa "felicità" non viene trovata nella stringa frase.

Il metodo count() è un metodo delle stringhe in Python che restituisce il numero di occorrenze di una sottostringa all'interno di una stringa.

La sintassi del metodo è la seguente:

```
stringa.count(sottostringa[, start[, end]])
```

dove:

stringa è la stringa in cui cercare la sottostringa

sottostringa è la sottostringa da cercare all'interno di stringa

start è l'indice da cui iniziare la ricerca nella stringa (opzionale)

end è l'indice fino a cui effettuare la ricerca nella stringa (opzionale)

Il metodo restituisce un intero che rappresenta il numero di occorrenze della sottostringa all'interno della stringa. Se la sottostringa non viene trovata, il metodo restituisce 0.

Ecco alcuni esempi di utilizzo del metodo count():

```python
frase = "La rapa rossa è una radice commestibile."
n_occ = frase.count("a")
print(n_occ)   # Output: 7

n_occ = frase.count("ra")
print(n_occ)   # Output: 2

n_occ = frase.count("R")
print(n_occ)   # Output: 0

n_occ = frase.count("a", 5, 10)
print(n_occ)   # Output: 1
```

Nel primo esempio, viene contata il numero di occorrenze della lettera "a" nella stringa "frase". Nel secondo esempio, viene contata il numero di occorrenze della sottostringa "ra". Nel terzo esempio, viene cercata la lettera "R" (maiuscola), che non viene trovata nella stringa. Infine, nel quarto esempio, viene cercata la sottostringa "a" tra gli indici 5 e 10 della stringa "frase".

Il metodo startswith() è un metodo delle stringhe in Python che viene utilizzato per verificare se una stringa inizia con una determinata sottostringa. Ritorna True se la stringa inizia con la sottostringa specificata, altrimenti ritorna False.

La sintassi del metodo startswith() è la seguente:

    stringa.startswith(sottostringa, start, end)

dove "stringa" è la stringa su cui applicare il metodo, "sottostringa" è la sottostringa da cercare all'inizio della stringa, "start" e "end" sono gli indici opzionali che indicano il range di caratteri in cui cercare la sottostringa.

Se non viene specificato il parametro "start", il metodo inizia a cercare dalla posizione iniziale della stringa (indice 0). Se non viene specificato il parametro "end", il metodo cerca fino alla fine della stringa.

Esempi:

```
# utilizzo di startswith() senza parametri opzionali
frase = "Il sole sorge ad est"
if frase.startswith("Il"):
    print("La frase inizia con 'Il'")
else:
```

```
    print("La frase non inizia con 'Il'")

    # utilizzo di startswith() con parametri opzionali
    frase = "Il sole sorge ad est"
    if frase.startswith("sole", 3):
        print("La parola 'sole' inizia dalla posizione 3 nella
frase")
    else:
        print("La parola 'sole' non inizia dalla posizione 3
nella frase")
```

Output:

```
    La frase inizia con 'Il'
    La parola 'sole' inizia dalla posizione 3 nella frase
```

In questo esempio, abbiamo utilizzato il metodo startswith() per verificare se la stringa "frase" inizia con la sottostringa "Il" e se la parola "sole" inizia dalla posizione 3 della stringa. Il primo esempio non ha specificato i parametri opzionali, quindi il metodo ha cercato la sottostringa "Il" dalla posizione iniziale della stringa. Il secondo esempio ha specificato il parametro "start" come 3, quindi il metodo ha iniziato a cercare dalla posizione 3 della stringa.

Il metodo endswith() è un metodo delle stringhe in Python che consente di verificare se una stringa termina con una determinata sottostringa.

La sintassi del metodo endswith() è la seguente:

stringa.endswith(sottostringa, start, end)

dove:
stringa è la stringa su cui eseguire il controllo;
sottostringa è la sottostringa che si vuole verificare se
corrisponde alla fine della stringa;
start e end sono parametri opzionali che specificano gli
indici in cui iniziare e terminare la verifica.
Il metodo restituisce True se la stringa termina con la
sottostringa specificata e False in caso contrario.

Ecco un esempio di utilizzo del metodo endswith():

```
frase = "La rapa rossa è una radice commestibile."
if frase.endswith("commestibile."):
    print("La frase termina con 'commestibile.'")
else:
    print("La frase non termina con 'commestibile.'")
```

In questo esempio, la condizione
frase.endswith("commestibile.") restituisce True poiché la
stringa frase termina con la sottostringa "commestibile.".
Di conseguenza, viene stampato il messaggio "La frase
termina con 'commestibile.'".

Il metodo isalpha() è un metodo delle stringhe in Python
che restituisce True se la stringa contiene solo caratteri
alfabetici (lettere) e non contiene spazi o altri simboli.
Restituisce False in caso contrario.

Ad esempio:

```
stringa1 = "CiaoMondo"
stringa2 = "Ciao Mondo"
print(stringa1.isalpha())  # Output: True
print(stringa2.isalpha())  # Output: False
```

Nel primo esempio, la stringa stringa1 contiene solo caratteri alfabetici e quindi il metodo isalpha() restituisce True.

Nel secondo esempio, la stringa stringa2 contiene uno spazio e quindi il metodo isalpha() restituisce False.

Il metodo isalpha() è utile quando si vuole verificare che una stringa contenga solo caratteri alfabetici e nessun altro simbolo.

Il metodo isnumeric() è un metodo delle stringhe in Python che restituisce True se tutti i caratteri all'interno della stringa sono numerici, altrimenti restituisce False. Un carattere numerico può essere un numero intero, un numero decimale, un numero frazionario, un numero romano, un numero di caratteri Unicode numerici, etc.

Ecco un esempio:

```
stringa = "1234"
risultato = stringa.isnumeric()
print(risultato)  # Output: True
```

In questo esempio, la variabile stringa contiene la stringa "1234". Il metodo isnumeric() viene chiamato sulla stringa e restituisce True perché tutti i caratteri all'interno della stringa sono numerici.

Ecco un altro esempio:

```
stringa = "3.14159"
risultato = stringa.isnumeric()
print(risultato)  # Output: False
```

In questo esempio, la variabile stringa contiene la stringa "3.14159", che include un punto decimale. Il metodo isnumeric() viene chiamato sulla stringa e restituisce False perché il punto decimale non è un carattere numerico.

Il metodo isnumeric() è utile quando si vogliono controllare se tutti i caratteri all'interno di una stringa sono numerici. Questo metodo può essere usato per validare input utente per assicurarsi che siano inseriti solo numeri. Tuttavia, bisogna prestare attenzione perché se ci sono altri caratteri non numerici all'interno della stringa, il metodo restituirà False. In questo caso, è possibile utilizzare il metodo isdigit() che restituisce True solo se tutti i caratteri all'interno della stringa sono cifre.

Il metodo isalnum() è un metodo delle stringhe in Python che restituisce True se tutti i caratteri della stringa sono alfanumerici (lettere o numeri), ovvero non contengono spazi, caratteri di punteggiatura o simboli speciali.

Restituisce False se la stringa contiene almeno un carattere che non è alfanumerico.

Ecco un esempio di utilizzo del metodo isalnum():

```
stringa1 = "Python3"
stringa2 = "Python 3"
stringa3 = "Python 3!"
print(stringa1.isalnum())  # True
print(stringa2.isalnum())  # False
print(stringa3.isalnum())  # False
```

Nell'esempio, la prima stringa stringa1 contiene solo caratteri alfanumerici e il metodo isalnum() restituisce True. La seconda stringa stringa2 contiene uno spazio, quindi il metodo restituisce False. La terza stringa stringa3 contiene anche un carattere di punteggiatura, quindi il metodo restituisce False.

Il metodo isalnum() è utile per verificare se una stringa contiene solo lettere o numeri e nessun altro carattere. È spesso utilizzato per validare input utente in cui si desidera accettare solo stringhe alfanumeriche.

Il metodo isspace() è un metodo delle stringhe in Python che restituisce True se tutti i caratteri nella stringa sono spazi vuoti, tabulazioni o newline. Restituisce invece False se la stringa contiene anche un solo carattere diverso da uno spazio vuoto, tabulazione o newline.

La sintassi del metodo isspace() è la seguente:

```
stringa.isspace()
```

dove stringa è la stringa sulla quale si vuole invocare il metodo.

Esempi:

```
frase = "    "
print(frase.isspace())  # Output: True

frase = " Hello "
print(frase.isspace())  # Output: False

frase = "\t\n"
print(frase.isspace())  # Output: True

frase = "Hello\nWorld"
print(frase.isspace())  # Output: False
```

In questo esempio, abbiamo assegnato diversi valori alla variabile frase e poi abbiamo invocato il metodo isspace() su di essa. Nel primo caso, la variabile contiene solo spazi vuoti, quindi il metodo restituisce True. Nel secondo caso, la variabile contiene anche altri caratteri, quindi il metodo restituisce False. Nel terzo caso, la variabile contiene solo un tabulazione e una newline, quindi il metodo restituisce True. Nel quarto caso, la variabile contiene un newline, quindi il metodo restituisce False.

Capitolo 8:
Le Classi e gli Oggetti in Python

Introduzione alle classi e agli oggetti

In Python, le classi e gli oggetti sono fondamentali per la programmazione orientata agli oggetti (OOP), una metodologia di programmazione che consente di organizzare e gestire in modo più efficace il codice. Una classe è una struttura di dati che definisce un oggetto, con proprietà e metodi specifici. Gli oggetti sono istanze di una classe, cioè esempi specifici di quella classe.

Definizione di una classe

Per definire una classe in Python, utilizziamo la parola chiave "class" seguita dal nome della classe e dai due punti. Il blocco di codice indentato che segue definisce le proprietà e i metodi della classe.

Ad esempio, ecco come definire una classe "Cane" con una proprietà "nome" e un metodo "abbaia":

```
class Cane:
    def __init__(self, nome):
        self.nome = nome

    def abbaia(self):
        print("Woof!")
```

Nel codice sopra, la classe "Cane" ha una proprietà "nome" e un metodo "abbaia". Il metodo "init" viene utilizzato per inizializzare gli oggetti della classe con il valore della proprietà "nome".

Creazione di un oggetto

Una volta definita una classe, possiamo creare un oggetto utilizzando il nome della classe seguito dalle parentesi tonde. Ad esempio, per creare un oggetto "mio_cane" della classe "Cane" con il nome "Fido", possiamo usare il seguente codice:

```
mio_cane = Cane("Fido")
```

In questo esempio, abbiamo creato un oggetto della classe "Cane" con il nome "Fido" e l'abbiamo assegnato alla variabile "mio_cane".

Chiamata dei metodi dell'oggetto

Per chiamare i metodi dell'oggetto, utilizziamo la sintassi "nome_oggetto.nome_metodo()". Ad esempio, per chiamare il metodo "abbaia" dell'oggetto "mio_cane", possiamo utilizzare il seguente codice:

```
mio_cane.abbaia()
```

In questo modo, il metodo "abbaia" dell'oggetto "mio_cane" verrà eseguito e l'output "Woof!" verrà stampato a schermo.

Proprietà dell'oggetto

Le proprietà di un oggetto possono essere accessibili o modificabili utilizzando la sintassi dell'operatore di punti. Ad esempio, per accedere alla proprietà "nome" dell'oggetto "mio_cane", possiamo utilizzare il seguente codice:

```
print(mio_cane.nome)
```

In questo modo, il nome dell'oggetto "mio_cane" verrà stampato a schermo.

Ereditarietà

L'ereditarietà è una caratteristica importante della programmazione orientata agli oggetti che consente di creare nuove classi a partire da classi esistenti. Una classe che eredita da un'altra classe è nota come "sottoclasse" o "classe figlia", mentre la classe dalla quale viene ereditato è nota come "superclasse" o "classe madre".

Per definire un costruttore personalizzato per una classe, possiamo utilizzare il metodo speciale __init__(). Questo metodo viene chiamato automaticamente quando viene creato un nuovo oggetto della classe e viene utilizzato per inizializzare gli attributi dell'oggetto.

Ad esempio, se volessimo aggiungere un attributo "età" alla nostra classe "Cane" e inizializzarlo con un valore

predefinito di 0, potremmo definire il metodo __init__()
come segue:

```
class Cane:
    def __init__(self, nome, razza, eta=0):
        self.nome = nome
        self.razza = razza
        self.eta = eta
```

In questo esempio, abbiamo aggiunto un nuovo parametro
"eta" al metodo __init__() e lo abbiamo inizializzato con
un valore predefinito di 0. Quando viene creato un nuovo
oggetto della classe "Cane", il metodo __init__() viene
chiamato automaticamente e l'attributo "eta" viene
inizializzato con il valore predefinito di 0.

Possiamo poi accedere e modificare l'attributo "eta"
utilizzando la stessa sintassi che abbiamo utilizzato per gli
altri attributi della classe:

```
mio_cane = Cane("Fido", "Bulldog", 3)
print(mio_cane.eta)  # Output: 3

mio_cane.eta = 4
print(mio_cane.eta)  # Output: 4
```

In questo esempio, abbiamo creato un nuovo oggetto
della classe "Cane" con il nome "Fido", la razza "Bulldog" e
l'età 3. Abbiamo poi stampato il valore dell'attributo "eta"
utilizzando la sintassi dell'operatore di attribuzione.

Successivamente, abbiamo modificato l'età dell'oggetto utilizzando la stessa sintassi.

Un'altra funzione utile che possiamo definire per le nostre classi è il metodo speciale __str__(). Questo metodo viene utilizzato per definire una rappresentazione in formato stringa dell'oggetto. Quando chiamiamo la funzione print() su un oggetto, Python cerca automaticamente il metodo __str__() e stampa la rappresentazione in formato stringa dell'oggetto.

Ad esempio, se volessimo definire una rappresentazione in formato stringa della classe "Cane", potremmo definire il metodo __str__() come segue:

```
class Cane:
    def __init__(self, nome, razza, eta=0):
        self.nome = nome
        self.razza = razza
        self.eta = eta

    def abbaia(self):
        print("Woof!")

    def __str__(self):
        return f"{self.nome} ({self.razza}), {self.eta}
anni"
```

In questo esempio, abbiamo aggiunto il metodo __str__() alla nostra classe "Cane". Questo metodo restituisce una stringa che rappresenta l'oggetto, includendo il nome del cane, la razza e l'età.

Possiamo poi utilizzare la funzione print() per stampare la rappresentazione in formato stringa dell'oggetto:

mio_cane = Cane("Fido", "Bul

Possiamo utilizzare il metodo speciale __str__() per definire la rappresentazione in formato stringa dell'oggetto. Questo metodo è chiamato quando l'oggetto viene stampato con la funzione print() o quando viene convertito in una stringa con la funzione str(). Vediamo un esempio:

```
class Cane:
  def __init__(self, nome, razza):
    self.nome = nome
    self.razza = razza

  def abbaia(self):
    print("Woof!")

  def __str__(self):
    return f"Un cane di nome {self.nome} di razza {self.razza}"

mio_cane = Cane("Fido", "Pastore Tedesco")
print(mio_cane)
```

In questo esempio, abbiamo definito il metodo __str__()
nella nostra classe Cane. Questo metodo restituisce una
stringa che descrive l'oggetto. Quando utilizziamo la
funzione print() sull'oggetto mio_cane, viene chiamato il
metodo __str__() e viene stampata la stringa restituita.

L'output di questo esempio sarà:

Un cane di nome Fido di razza Pastore Tedesco

Come puoi vedere, la funzione print() ha stampato la
stringa restituita dal metodo __str__() della classe Cane.

Possiamo anche utilizzare il metodo speciale __repr__()
per definire una rappresentazione in formato stringa
dell'oggetto che sia utilizzata dalla funzione repr(). La
funzione repr() restituisce una rappresentazione
dell'oggetto che può essere utilizzata per creare una copia
dell'oggetto. Vediamo un esempio:

```
class Cane:
    def __init__(self, nome, razza):
        self.nome = nome
        self.razza = razza

    def abbaia(self):
        print("Woof!")

    def __str__(self):
        return f"Un cane di nome {self.nome} di razza
{self.razza}"
```

```python
def __repr__(self):
    return f"Cane('{self.nome}', '{self.razza}')"

mio_cane = Cane("Fido", "Pastore Tedesco")
print(repr(mio_cane))
```

In questo esempio, abbiamo definito il metodo __repr__()
nella nostra classe Cane. Questo metodo restituisce una
stringa che descrive l'oggetto in un formato che può
essere utilizzato per creare una copia dell'oggetto. Quando
utilizziamo la funzione repr() sull'oggetto mio_cane, viene
chiamato il metodo __repr__() e viene restituita la stringa
restituita.

L'output di questo esempio sarà:

```
Cane('Fido', 'Pastore Tedesco')
```

Come puoi vedere, la funzione repr() ha restituito la
stringa restituita dal metodo __repr__() della classe Cane.

In generale, è una buona pratica definire sia il metodo
__str__() che il metodo __repr__() per la tua classe in
modo da avere una rappresentazione dell'oggetto utile sia
per la stampa che per la creazione di copie.

Capitolo 9:

I Moduli in Python

Il concetto di moduli è fondamentale in Python poiché consente di organizzare e riutilizzare il codice in modo efficiente. Un modulo Python è un file con estensione ".py" contenente definizioni di funzioni, classi e variabili. In questo capitolo esploreremo come creare, importare e utilizzare moduli in Python.

Creare moduli

Per creare un modulo in Python, basta creare un file con estensione ".py" e definire le funzioni, le classi o le variabili che si desidera esportare. Ad esempio, creiamo un file chiamato "mio_modulo.py" con la seguente definizione di funzione:

```python
def saluta(nome):
    print(f"Ciao {nome}!")
```

Questa è una funzione molto semplice che prende un argomento "nome" e stampa un messaggio di saluto personalizzato utilizzando l'operatore di formattazione delle stringhe f-string. Per utilizzare questa funzione in un altro file Python, dobbiamo importare il modulo "mio_modulo" utilizzando la parola chiave "import". Ad esempio, possiamo creare un file chiamato "main.py" con il seguente codice:

```python
import mio_modulo
```

```
mio_modulo.saluta("Mario")
```

In questo esempio, abbiamo importato il modulo "mio_modulo" e chiamato la funzione "saluta()" passando il parametro "Mario". Quando eseguiamo il file "main.py", vediamo l'output "Ciao Mario!".

Importare moduli

Esistono diverse modalità per importare moduli in Python. Abbiamo già visto l'utilizzo dell'istruzione "import", ma esistono anche altre istruzioni per importare moduli in modo diverso.

L'istruzione from...import

L'istruzione "from...import" consente di importare solo alcune funzioni, classi o variabili da un modulo specifico. Ad esempio, se vogliamo importare solo la funzione "saluta()" dal modulo "mio_modulo", possiamo utilizzare la seguente istruzione:

```
from mio_modulo import saluta

saluta("Luigi")
```

In questo esempio, abbiamo importato solo la funzione "saluta()" dal modulo "mio_modulo" utilizzando l'istruzione "from...import". Possiamo quindi chiamare la funzione "saluta()" direttamente senza dover usare il nome del modulo.

L'istruzione import...as

L'istruzione "import...as" consente di assegnare un alias a un modulo importato. Ad esempio, se vogliamo importare il modulo "mio_modulo" e assegnargli l'alias "mm", possiamo utilizzare la seguente istruzione:

```
import mio_modulo as mm

mm.saluta("Giovanni")
```

In questo esempio, abbiamo importato il modulo "mio_modulo" e gli abbiamo assegnato l'alias "mm". Possiamo quindi chiamare la funzione "saluta()" utilizzando il nome dell'alias.

Moduli standard

Oltre ai moduli personalizzati, Python include anche numerosi moduli standard che forniscono funzionalità comuni come la gestione dei file, la gestione delle stringhe, la manipolazione dei dati, la creazione di interfacce grafiche utente, la gestione dei thread e molti altri.

Ad esempio, il modulo os fornisce funzionalità per interagire con il sistema operativo sottostante, come accedere alle variabili d'ambiente, creare directory, eliminare file, ecc. Il seguente esempio mostra come utilizzare il modulo os per creare una directory:

```
import os

nome_directory = "nuova_directory"
```

```
if not os.path.exists(nome_directory):
    os.mkdir(nome_directory)
```

Il modulo random fornisce funzionalità per generare numeri casuali. Ad esempio, il seguente codice utilizza il modulo random per generare un numero intero casuale tra 1 e 10:

```
import random

numero_casuale = random.randint(1, 10)
print("Il numero casuale è:", numero_casuale)
```

Il modulo math fornisce funzionalità matematiche avanzate come il calcolo della radice quadrata, del seno e del coseno. Ad esempio, il seguente codice utilizza il modulo math per calcolare la radice quadrata di un numero:

```
import math

numero = 16
radice_quadrata = math.sqrt(numero)
print("La radice quadrata di", numero, "è",
radice_quadrata)
```

Inoltre, Python ha molti moduli di terze parti che possono essere installati utilizzando un gestore di pacchetti come pip. Ad esempio, il modulo numpy fornisce funzionalità per lavorare con matrici e array multidimensionali, il modulo pandas fornisce funzionalità per l'elaborazione dei dati e il modulo matplotlib fornisce funzionalità per la visualizzazione dei dati.

Per utilizzare un modulo di terze parti, è necessario prima installarlo utilizzando un gestore di pacchetti come pip. Ad esempio, per installare il modulo numpy, è possibile eseguire il seguente comando dalla riga di comando:

```
pip install numpy
```

Una volta installato il modulo, è possibile importarlo all'interno del proprio script Python e utilizzare le funzionalità che fornisce.

In conclusione, i moduli sono uno strumento fondamentale per estendere le funzionalità di Python. I moduli standard forniscono funzionalità comuni e sono inclusi nella distribuzione standard di Python, mentre i moduli di terze parti possono essere installati utilizzando un gestore di pacchetti e forniscono funzionalità specializzate per specifiche applicazioni. La capacità di importare moduli e utilizzare le loro funzionalità è un'abilità importante per tutti gli sviluppatori Python.

Capitolo 10:
Gestione degli Errori in Python

Il Python è un linguaggio di programmazione che offre molti strumenti per la gestione degli errori. Quando si scrive un codice, è possibile che si verifichino degli errori o delle situazioni impreviste che potrebbero causare il fallimento dell'applicazione. Per questo motivo, è importante avere un sistema di gestione degli errori che permetta di rilevare e gestire questi problemi in modo efficace. In questo capitolo vedremo come gestire gli errori in Python e come utilizzare le eccezioni per gestire situazioni impreviste.

Le eccezioni sono oggetti che rappresentano un errore o una situazione imprevista che si verifica durante l'esecuzione del codice. Quando si verifica un'eccezione, Python interrompe l'esecuzione del programma e cerca il blocco di codice che può gestire l'eccezione. Se non viene trovato un blocco di codice che può gestire l'eccezione, Python termina l'esecuzione del programma e mostra un messaggio di errore all'utente.

La gestione delle eccezioni in Python avviene mediante la costruzione di blocchi try-except. Un blocco try contiene il codice che potrebbe generare un'eccezione, mentre un blocco except viene eseguito solo se si verifica un'eccezione. Il blocco except contiene il codice che deve essere eseguito per gestire l'eccezione. Il seguente è un esempio di blocco try-except in Python:

```
try:
    # blocco di codice che potrebbe generare
un'eccezione
except ExceptionType:
    # blocco di codice che viene eseguito solo se si
verifica un'eccezione di tipo ExceptionType
```

Il blocco except può essere specificato con il tipo di eccezione che si vuole gestire. In questo modo, si può gestire l'eccezione in modo specifico e personalizzato. Se non viene specificato il tipo di eccezione, il blocco except viene eseguito per qualsiasi tipo di eccezione. In questo caso, è possibile utilizzare la variabile built-in "exc" per accedere all'eccezione generata.

```
try:
    # blocco di codice che potrebbe generare
un'eccezione
except ExceptionType1:
    # blocco di codice che viene eseguito solo se si
verifica un'eccezione di tipo ExceptionType1
except ExceptionType2:
    # blocco di codice che viene eseguito solo se si
verifica un'eccezione di tipo ExceptionType2
except:
    # blocco di codice che viene eseguito per
qualsiasi tipo di eccezione
```

Un altro modo per gestire le eccezioni in Python è l'uso della clausola finally. Il blocco finally viene sempre eseguito, indipendentemente se si verifica o meno un'eccezione. Questo è utile per le operazioni di pulizia o per il rilascio di risorse, come la chiusura di file o la disconnessione dal database.

Ad esempio, supponiamo di avere un file test.txt che vogliamo aprire, leggere e poi chiudere, anche in caso di errore durante la lettura:

```
try:
f = open('test.txt', 'r')
# operazioni di lettura del file
except:
print("Errore durante la lettura del file.")
finally:
f.close()
```

In questo caso, se si verifica un errore durante la lettura del file, verrà eseguita la clausola except che stampa un messaggio di errore. Successivamente, verrà comunque eseguita la clausola finally, che si occuperà di chiudere il file.

Un altro esempio può essere la connessione a un database. Supponiamo di voler connetterci a un database MySQL, eseguire una query e poi chiudere la connessione, anche in caso di errore durante l'esecuzione della query:

```
import mysql.connector

try:
cnx = mysql.connector.connect(user='username',
password='password',
```

```python
                    host='localhost',
                    database='database_name')
        cursor = cnx.cursor()

        query = "SELECT * FROM table_name"
        cursor.execute(query)

    except mysql.connector.Error as err:
        print(f"Errore durante l'esecuzione della query:
        {err}")

    finally:
        cursor.close()
        cnx.close()
```

In questo caso, se si verifica un errore durante l'esecuzione della query, verrà eseguita la clausola except che stampa un messaggio di errore. Successivamente, verrà comunque eseguita la clausola finally, che si occuperà di chiudere la connessione al database e liberare le risorse.

In Python è anche possibile definire le proprie eccezioni personalizzate, creando una nuova classe derivata dalla classe Exception. In questo modo, è possibile creare eccezioni specifiche per le proprie applicazioni e gestirle in modo adeguato.

Ad esempio, supponiamo di voler creare una eccezione personalizzata per gestire un errore di connessione al database:

```python
class ConnectionError(Exception):
pass

try:
    cnx = mysql.connector.connect(user='username',
password='password',
                host='localhost',
                database='database_name')
if not cnx.is_connected():
        raise ConnectionError("Errore di
connessione al database.")

except ConnectionError as err:
    print(err)

finally:
    cnx.close()
```

In questo caso, se la connessione al database fallisce, viene sollevata l'eccezione ConnectionError, che viene gestita dalla clausola except che stampa un messaggio di errore.

In conclusione, la gestione degli errori è un'importante parte della programmazione in Python. È importante comprendere come utilizzare le eccezioni per gestire i potenziali errori che possono verificarsi durante l'esecuzione del codice. Python fornisce numerosi costrutti per la gestione degli errori, tra cui il blocco try-except, la clausola finally e la creazione di eccezioni personalizzate. Una buona gestione degli errori non solo aiuta a evitare che il programma si arresti in modo anomalo, ma anche a fornire messaggi di errore informativi agli utenti e a facilitare il debugging del codice.

Inoltre, è importante ricordare che le eccezioni non dovrebbero essere utilizzate come strumento per controllare il flusso del programma. Le eccezioni dovrebbero essere utilizzate solo per la gestione di errori reali e imprevisti, non per controllare il flusso del programma in modo normale.

Infine, come sempre, la pratica è fondamentale. Scrivere codice e testare la gestione degli errori in situazioni reali aiuterà a sviluppare le competenze necessarie per creare programmi robusti e affidabili in Python.

Capitolo 11:
Lavorare con i File in Python

Python offre molte funzionalità per la gestione dei file. In questo capitolo esploreremo come leggere, scrivere e manipolare i file in Python.

Per aprire un file in Python, utilizziamo la funzione open(). Questa funzione prende in input il nome del file e la modalità di apertura del file. La modalità di apertura può essere 'r' per la lettura, 'w' per la scrittura, 'a' per l'append, 'x' per la creazione di un nuovo file o 'b' per il modo binario. Ad esempio, per aprire un file di testo in modalità di lettura, possiamo utilizzare il seguente codice:

```
file = open("miofile.txt", "r")
```

Una volta aperto il file, possiamo leggere il contenuto utilizzando il metodo read(). Ad esempio:

```
file = open("miofile.txt", "r")
contenuto = file.read()
print(contenuto)
```

Il metodo read() restituisce tutto il contenuto del file come una stringa. Possiamo anche specificare il numero di byte da leggere utilizzando il parametro del metodo read(). Ad esempio, per leggere solo i primi 10 byte del file, possiamo utilizzare il seguente codice:

```
file = open("miofile.txt", "r")
```

```
contenuto = file.read(10)
print(contenuto)
```

Per leggere il file riga per riga, possiamo utilizzare il metodo readlines(). Ad esempio:

```
file = open("miofile.txt", "r")
righe = file.readlines()
for riga in righe:
    print(riga)
```

Per scrivere su un file, apriamo il file in modalità di scrittura utilizzando 'w' come secondo parametro. Ad esempio, per scrivere una stringa in un file di testo, possiamo utilizzare il seguente codice:

```
file = open("miofile.txt", "w")
file.write("Questo è un esempio di scrittura su un file.")
file.close()
```

Il metodo write() scrive la stringa specificata nel file. Possiamo scrivere più righe separandole con il carattere di nuova riga '\n'. Per appendere un contenuto a un file invece di sovrascriverlo, possiamo aprire il file in modalità append utilizzando 'a' come secondo parametro.

```
file = open("miofile.txt", "a")
file.write("Questo è un esempio di append su un file.")
file.close()
```

Possiamo anche utilizzare la clausola with per aprire un file. Questa clausola ci consente di eseguire un blocco di codice con il file aperto e si assicura che il file venga chiuso correttamente dopo che il blocco di codice è stato eseguito. Ad esempio:

```
with open("miofile.txt", "r") as file:
    contenuto = file.read()
    print(contenuto)
```

In questo esempio, il file viene aperto all'interno della clausola with e la variabile file viene associata al file. Dopo che il blocco di codice è stato eseguito, il file viene chiuso automaticamente.

Possiamo anche utilizzare la libreria "os" di Python per lavorare con i file. "os" è una libreria che ci permette di accedere a funzionalità del sistema operativo, come la creazione di directory, la navigazione tra cartelle, la modifica dei permessi dei file e molte altre.

Ad esempio, per creare una nuova directory possiamo utilizzare la funzione "os.mkdir()":

```
import os

# creazione di una nuova directory chiamata
"nuova_cartella"
os.mkdir("nuova_cartella")
```

Inoltre, possiamo utilizzare la funzione "os.getcwd()" per conoscere la cartella di lavoro corrente:

```python
import os

# ottenimento della cartella di lavoro corrente
current_dir = os.getcwd()
print("La cartella di lavoro corrente è:", current_dir)
```

Per eliminare un file o una directory possiamo utilizzare la funzione "os.remove()" o "os.rmdir()", rispettivamente:

```python
import os

# eliminazione di un file chiamato "mio_file.txt"
os.remove("mio_file.txt")

# eliminazione di una directory chiamata
"cartella_da_eliminare"
os.rmdir("cartella_da_eliminare")
```

Inoltre, "os" ci permette di accedere alle funzionalità di gestione dei percorsi dei file. Possiamo utilizzare la funzione "os.path.join()" per creare un percorso di file valido a partire da una serie di componenti del percorso:

```python
import os

# creazione di un percorso di file valido
percorso_file = os.path.join("cartella",
"sotto_cartella", "mio_file.txt")
```

```
print(percorso_file)  #
"cartella/sotto_cartella/mio_file.txt" su Unix,
"cartella\sotto_cartella\mio_file.txt" su Windows
```

Inoltre, possiamo utilizzare la funzione "os.path.exists()" per verificare se un file o una directory esiste:

```
import os

# verifica se un file esiste
if os.path.exists("mio_file.txt"):
    print("Il file esiste.")
else:
    print("Il file non esiste.")
```

Infine, "os" ci permette di accedere alle funzionalità di gestione dei permessi dei file. Possiamo utilizzare la funzione "os.chmod()" per modificare i permessi di un file:

```
import os

# modifica dei permessi di un file
os.chmod("mio_file.txt", 0o777)
```

In questo esempio, abbiamo utilizzato la costante "0o777" per impostare i permessi del file su "rwxrwxrwx". La costante è espressa in formato ottale, dove ogni cifra rappresenta i permessi per il proprietario, il gruppo e gli altri utenti, rispettivamente. La cifra 7 rappresenta i permessi di lettura, scrittura e esecuzione.

In conclusione, Python fornisce molte funzionalità per lavorare con i file, dalle semplici operazioni di lettura e scrittura ai file di testo, ai metodi avanzati di accesso ai file binari e ai moduli specializzati per la gestione dei file CSV e JSON. Inoltre, grazie alla sua semplicità e alla sua vasta gamma di librerie, Python è un'ottima scelta per le attività di elaborazione dei dati che richiedono la manipolazione di grandi quantità di dati da file.

È importante ricordare di chiudere sempre i file dopo averli aperti per evitare di sprecare risorse di sistema. Inoltre, è buona pratica gestire eventuali eccezioni che possono essere generate durante le operazioni di lettura/scrittura dei file.

Infine, Python fornisce anche funzionalità per la manipolazione dei file system, come l'accesso alle informazioni di directory e la creazione di directory e file. Questi strumenti possono essere utili per automatizzare i processi di elaborazione dei dati che coinvolgono un gran numero di file.

Capitolo 12:
Le Espressioni Regolari in Python

Introduzione alle espressioni regolari

Le espressioni regolari sono uno strumento potente per il matching di pattern all'interno di testo. Le espressioni regolari sono formate da una serie di caratteri che descrivono un pattern. Questi pattern possono essere utilizzati per cercare e sostituire parti di testo, validare l'input dell'utente, filtrare dati e molto altro ancora.

Python fornisce il modulo re per lavorare con le espressioni regolari. Il modulo re fornisce molte funzioni utili per lavorare con le espressioni regolari, come re.search(), re.findall() e re.sub().

Sintassi delle espressioni regolari

La sintassi delle espressioni regolari può sembrare un po' complicata inizialmente, ma diventa più semplice con la pratica. Ecco alcuni dei caratteri speciali più utilizzati nelle espressioni regolari:

. (punto): indica qualsiasi carattere tranne il carattere newline (\n).
^ (cappuccio): indica l'inizio della stringa.
$ (dollaro): indica la fine della stringa.
(asterisco): indica che il carattere precedente può apparire zero o più volte.

(più): indica che il carattere precedente può apparire una o più volte.

? (punto interrogativo): indica che il carattere precedente è opzionale e può apparire una o zero volte.

{n,m} (parentesi graffe): indica che il carattere precedente deve apparire almeno n volte e al massimo m volte.

[...] (parentesi quadre): indica un insieme di caratteri possibili. Ad esempio, [abc] corrisponde a 'a', 'b' o 'c'.

[^...] (parentesi quadre con cappuccio): indica un insieme di caratteri che non sono ammissibili. Ad esempio, [^abc] corrisponde a qualsiasi carattere tranne 'a', 'b' o 'c'.

| (barra verticale): indica un'alternativa tra due pattern. Ad esempio, gatto|cane corrisponde a 'gatto' o 'cane'.

\ (barra rovesciata): indica un carattere speciale. Ad esempio, . corrisponde al carattere '.'.

Esempi di utilizzo delle espressioni regolari

Vediamo alcuni esempi di utilizzo delle espressioni regolari in Python.

Trovare il prefisso di un indirizzo email:

Supponiamo di avere una lista di indirizzi email e di voler estrarre solo il prefisso di ogni indirizzo (cioè tutto ciò che si trova prima della @). Possiamo utilizzare l'espressione regolare ^\w+, dove ^ indica l'inizio della stringa, \w indica un carattere alfanumerico e + indica uno o più ripetizioni. Esempio:

```
import re
```

```
emails = ['john.doe@example.com',
'jane.smith@example.com',
'bob.johnson@example.com']

for email in emails:
  prefix = re.findall(r'^\w+', email)
  print(prefix)
```

Output:

```
['john']
['jane']
['bob']
```

Verificare se una stringa contiene solo numeri:

Possiamo utilizzare l'espressione regolare ^\d+$, dove ^
indica l'inizio della stringa, \d indica un carattere numerico
e + indica uno o più ripetizioni. Esempio:

```
import re

strings = ['1234', '4567a', '89.0']

for string in strings:
  if re.match(r'^\d+$', string):
    print(string, 'contiene solo numeri')
  else:
    print(string, 'non contiene solo numeri')
```

Output:

1234 contiene solo numeri
4567a non contiene solo numeri
89.0 non contiene solo numeri

Estrarre tutti i numeri da una stringa:

Possiamo utilizzare l'espressione regolare \d+, dove \d indica un carattere numerico e + indica uno o più ripetizioni. Esempio:

```
import re

string = 'abc123def456'
numbers = re.findall(r'\d+', string)
print(numbers)
```

Output:

['123', '456']

Trovare tutte le parole che iniziano con una lettera maiuscola in un testo:

Possiamo utilizzare l'espressione regolare [A-Z]\w*, dove [A-Z] indica una lettera maiuscola e \w* indica zero o più caratteri alfanumerici. Esempio:

```
import re
```

```
text = 'This is a sample Text with some Proper
Nouns'
proper_nouns = re.findall(r'[A-Z]\w*', text)
print(proper_nouns)
```

Output:

```
['This', 'Text', 'Proper', 'Nouns']
```

Sostituzione di testo:

Le espressioni regolari possono anche essere utilizzate per
sostituire parti di una stringa con del nuovo testo. In
Python, possiamo utilizzare la funzione re.sub() per
eseguire questa operazione. Vediamo un esempio:

```
import re

testo = "La mia gatta si chiama Micia, ma la chiamo
anche Micetta."
nuovo_testo = re.sub(r"mia gatta", "il mio gatto",
testo)
print(nuovo_testo)
```

In questo esempio, stiamo sostituendo "mia gatta" con "il
mio gatto" nella stringa testo. Il risultato stampato sarà "La
il mio gatto si chiama Micia, ma la chiamo anche Micetta.".

Divisione di stringhe:

Possiamo utilizzare le espressioni regolari per dividere una stringa in base a un determinato pattern. In Python, possiamo utilizzare la funzione re.split() per eseguire questa operazione. Vediamo un esempio:

```
import re

testo = "Il mio indirizzo email è abc@dominio.com"
parti = re.split(r"[\s@.]+", testo)
print(parti)
```

In questo esempio, stiamo dividendo la stringa testo in base ai separatori " ", "@" e ".". Il risultato stampato sarà una lista contenente le parti della stringa divise: ['Il', 'mio', 'indirizzo', 'email', 'è', 'abc', 'dominio', 'com'].

Espressioni regolari avanzate:

Le espressioni regolari possono essere utilizzate per eseguire operazioni più complesse, come la ricerca di stringhe che rispettano un certo formato. Ad esempio, possiamo utilizzare le espressioni regolari per trovare numeri di telefono, indirizzi email, URL e molto altro. Vediamo un esempio:

```
import re

testo = "Il mio numero di telefono è +39 123
4567890"
```

```
numero = re.findall(r"\+\d+\s\d+\s\d+", testo)
print(numero)
```

In questo esempio, stiamo cercando un numero di telefono nella stringa testo che abbia il formato "+xx xxx xxxxxxx". Il risultato stampato sarà una lista contenente il numero di telefono trovato: ['+39 123 4567890'].

In conclusione, le espressioni regolari sono uno strumento molto potente per la manipolazione di stringhe in Python. Grazie alla libreria 're', possiamo utilizzare le espressioni regolari per eseguire una vasta gamma di operazioni, dalla ricerca di pattern specifici alla sostituzione di parti di una stringa, fino alla divisione di una stringa in parti separate. È importante notare che le espressioni regolari possono diventare molto complesse e richiedere un po' di tempo per essere comprese e create correttamente. Tuttavia, una volta padroneggiata questa tecnica, è possibile risparmiare molto tempo e sforzo nella manipolazione di stringhe complesse.

Capitolo13:
I Thread in Python

Introduzione ai Thread in Python

I thread sono uno strumento fondamentale nella programmazione moderna. Ci consentono di eseguire più attività contemporaneamente, il che può aumentare la velocità di esecuzione e migliorare l'efficienza del programma. In Python, la gestione dei thread viene eseguita dalla libreria threading.

Thread vs Processi

Prima di parlare di thread, è importante comprendere la differenza tra thread e processi. In sintesi, un processo è un'istanza di un programma in esecuzione, mentre un thread è un'unità di elaborazione all'interno di un processo. In altre parole, un processo può contenere più thread. I thread condividono lo stesso spazio di indirizzi di memoria del processo, il che significa che possono accedere e modificare le stesse variabili.

Creazione di Thread in Python

La creazione di un thread in Python è semplice. Innanzitutto, dobbiamo importare la libreria threading. Successivamente, dobbiamo definire una funzione che il thread eseguirà. Infine, creiamo un'istanza di un oggetto Thread e lo avviamo.

Esempio:

```
import threading

def func():
print("Questo è il messaggio dal thread")

thread = threading.Thread(target=func)
thread.start()
```

In questo esempio, abbiamo creato un thread chiamato thread e gli abbiamo assegnato la funzione func come target. Quindi abbiamo avviato il thread con il metodo start().

Il metodo start() avvia l'esecuzione del thread in modo asincrono rispetto al thread principale. Ciò significa che il thread principale non si blocca durante l'esecuzione del thread.

Passaggio di argomenti ai Thread

Possiamo anche passare argomenti a una funzione utilizzata come target del thread. Ciò può essere fatto tramite l'argomento args, come mostrato nell'esempio seguente:

```
import threading

def func(name):
print("Ciao, " + name)
```

```
thread = threading.Thread(target=func,
args=("Mario",))
thread.start()
```

In questo esempio, abbiamo passato la stringa "Mario" alla funzione func come argomento.

Sincronizzazione dei Thread

In alcune situazioni, è necessario che i thread lavorino in modo sincronizzato. Ad esempio, potremmo avere due thread che cercano di modificare la stessa variabile nello stesso momento. Ciò potrebbe causare un comportamento imprevisto.

Python fornisce diverse tecniche per sincronizzare i thread. Uno di questi è l'uso dei lock.

Il lock è uno strumento per impedire l'accesso simultaneo di più thread alla stessa risorsa. In Python, i lock sono gestiti dalla classe Lock della libreria threading.

Esempio:

```
import threading

lock = threading.Lock()
count = 0

def increment():
```

```python
    global count
    lock.acquire()
    count += 1
    lock.release()

def worker():
    for i in range(10000):
        increment()

threads = []
for i in range(10):
    thread = threading.Thread(target=worker)
    threads.append(thread)

for thread in threads:
    thread.start()

for thread in threads:
    thread.join()

print("Valore finale di count: ", count)
```

In questo esempio, abbiamo definito la funzione increment() che utilizza il lock per impedire l'accesso concorrente alle variabili condivise. In questo modo, possiamo garantire che il conteggio venga incrementato correttamente senza errori di concorrenza.

Tuttavia, l'utilizzo del lock può anche portare a un'efficienza ridotta, poiché un thread deve aspettare che il lock venga rilasciato prima di poter accedere alla variabile condivisa. Inoltre, se non viene gestito correttamente, può anche causare deadlock, ovvero la situazione in cui due o più thread si bloccano a vicenda impedendo il completamento del programma.

Per evitare questi problemi, possiamo utilizzare altri strumenti come semafori e code. Un semaforo è un'astrazione di un valore numerico intero che può essere utilizzato per controllare l'accesso concorrente alle risorse. In Python, la libreria threading fornisce la classe Semaphore per utilizzare i semafori.

Ad esempio, supponiamo di avere un insieme di thread che devono accedere a una risorsa condivisa e abbiamo bisogno di limitare l'accesso a un massimo di N thread contemporaneamente. Possiamo utilizzare un semaforo con un valore iniziale di N per regolare l'accesso concorrente. Ogni volta che un thread accede alla risorsa, decrementa il valore del semaforo. Quando il valore del semaforo raggiunge zero, i thread successivi devono aspettare che uno dei thread precedenti rilasci la risorsa e incrementi il valore del semaforo.

Ecco un esempio di utilizzo dei semafori in Python:

```
import threading

max_concurrent_threads = 3
semaphore =
threading.Semaphore(max_concurrent_threads)
```

```python
def do_something():
    semaphore.acquire()
    try:
        # Accesso concorrente alla risorsa condivisa
        print("Accesso concorrente")
    finally:
        semaphore.release()
```

In questo esempio, abbiamo creato un semaforo con un valore massimo di 3 thread contemporanei. All'interno della funzione do_something(), il thread acquisisce il semaforo tramite la chiamata al metodo acquire(). Successivamente, accede alla risorsa condivisa e, infine, rilascia il semaforo tramite la chiamata al metodo release().

Oltre ai semafori, possiamo utilizzare anche le code per la gestione dei thread. Una coda è un'astrazione di una lista che consente l'accesso concorrente ai dati. In Python, la libreria queue fornisce diverse implementazioni di code, come ad esempio la classe Queue e la classe LifoQueue.

La classe Queue fornisce un modo sicuro e thread-safe per condividere dati tra i thread. Ecco un esempio di utilizzo della classe Queue in Python:

```python
import queue
import threading

def producer(q):
    for i in range(10):
```

```
        q.put(i)
            q.put(None)  # None serves as the sentinel
    to signal the consumer to stop

    def consumer(q):
        while True:
            item = q.get()
            if item is None:
                break
            print(item)

    q = queue.Queue()
    t1 = threading.Thread(target=producer, args=(q,))
    t2 = threading.Thread(target=consumer, args=(q,))
    t1.start()
    t2.start()
    t1.join()
    t2.join()
```

In questo esempio, abbiamo definito due funzioni, una per produrre dati e una per consumarli. La funzione producer inserisce 10 numeri interi nella coda e poi inserisce un valore None che funge da sentinella per segnalare al consumatore di smettere. La funzione consumer rimane in un loop infinito finché non riceve il valore None dalla coda. In questo modo, può estrarre tutti gli elementi dalla coda finché non viene trovata la sentinella.

Abbiamo poi creato due thread, uno per il produttore e uno per il consumatore, passando la stessa istanza di Queue come argomento. Infine, abbiamo fatto partire entrambi i thread e poi atteso la loro terminazione con il metodo join().

Questo esempio dimostra come la classe Queue possa essere utilizzata per gestire la comunicazione tra i thread in modo sicuro e thread-safe. La classe Queue fornisce anche altre funzionalità, come la possibilità di specificare la dimensione massima della coda o di impostare un timeout per le operazioni di inserimento o estrazione dalla coda.

In generale, l'utilizzo dei thread in Python può aumentare significativamente le prestazioni dei programmi che devono eseguire operazioni in parallelo. Tuttavia, la gestione dei thread può essere complicata e soggetta a problemi come race condition, deadlock e starvation. È importante avere una buona comprensione delle funzionalità fornite dalle librerie di thread di Python, come threading e Queue, e di utilizzare correttamente le tecniche di sincronizzazione come i lock e i semafori per evitare problemi di concorrenza.

Capitolo 14:
La Grafica con Tkinter in Python

Il modulo Tkinter di Python è un'interfaccia grafica (GUI) per creare applicazioni desktop. Tkinter è un'implementazione della libreria di toolkit GUI di Tcl/Tk per Python. Con Tkinter, è possibile creare finestre, pulsanti, etichette, caselle di testo e altre componenti dell'interfaccia utente.

Per iniziare a utilizzare Tkinter, è necessario importare il modulo. Inoltre, per creare una finestra, si utilizza la classe Tk() del modulo tkinter. Ecco un esempio di codice per creare una finestra vuota:

```
import tkinter as tk

root = tk.Tk()

root.mainloop()
```

La chiamata al metodo mainloop() è necessaria per far funzionare l'interfaccia grafica. Quando si esegue il codice, si aprirà una finestra vuota.

Aggiungere elementi all'interfaccia utente
Per aggiungere elementi all'interfaccia utente, si utilizzano le classi del modulo tkinter come Frame, Label, Button, Entry e molte altre. Ecco un esempio di codice per creare una finestra con una etichetta e un pulsante:

```python
import tkinter as tk

root = tk.Tk()

label = tk.Label(root, text="Benvenuti su Tkinter!")
label.pack()

button = tk.Button(root, text="Clicca qui!")
button.pack()

root.mainloop()
```

Il metodo pack() è utilizzato per posizionare gli elementi all'interno della finestra.

Gestione degli eventi

Per gestire gli eventi generati dall'interazione dell'utente con l'interfaccia, si utilizza il metodo bind() della classe tkinter. Ad esempio, per gestire un clic su un pulsante, è possibile utilizzare il seguente codice:

```python
import tkinter as tk

root = tk.Tk()

def button_clicked():
    print("Hai cliccato il pulsante!")

button = tk.Button(root, text="Clicca qui!",
command=button_clicked)
button.pack()
```

```
root.mainloop()
```

Nell'esempio precedente, abbiamo creato una funzione button_clicked() che viene chiamata quando l'utente clicca il pulsante. La funzione stampa un messaggio sulla console.

Layout dell'interfaccia utente

Tkinter fornisce diverse opzioni per posizionare gli elementi all'interno della finestra, tra cui grid(), pack() e place(). Il metodo pack() posiziona gli elementi uno sotto l'altro o uno accanto all'altro, a seconda delle opzioni specificate. Il metodo grid() posiziona gli elementi in una griglia, mentre il metodo place() posiziona gli elementi in posizioni assolute.

Ecco un esempio di codice che utilizza il metodo grid():

```
import tkinter as tk

root = tk.Tk()

label1 = tk.Label(root, text="Nome:")
label1.grid(row=0, column=0)

entry1 = tk.Entry(root)
entry1.grid(row=0, column=1)

label2 = tk.Label(root, text="Cognome:")
label2.grid(row=1, column=0)
```

```
entry2 = tk.Entry(root)
entry2.grid(row=1, column=1)

root.mainloop()
```

Nell'esempio precedente, abbiamo utilizzato il metodo grid() per posizionare il pulsante nel frame. Esistono anche altri metodi di posizionamento, come pack() e place(). Il metodo pack() organizza i widget in un layout in cui vengono impilati uno sopra l'altro o uno accanto all'altro, a seconda della direzione specificata. Il metodo place() consente di specificare le coordinate esatte del widget all'interno del frame.

Vediamo un esempio di utilizzo del metodo pack():

```
from tkinter import *

root = Tk()

# crea un frame
frame = Frame(root)
frame.pack()

# crea un pulsante nel frame
button = Button(frame, text="Cliccami!")
button.pack(side=LEFT)

root.mainloop()
```

In questo esempio, abbiamo creato un frame e un pulsante all'interno del frame utilizzando il metodo pack(). Il parametro side=LEFT specifica che il pulsante deve essere posizionato a sinistra del frame.

Il metodo place() consente di specificare le coordinate x e y del widget all'interno del frame. Vediamo un esempio:

```
from tkinter import *

root = Tk()

# crea un frame
frame = Frame(root, width=300, height=200)
frame.pack()

# crea un pulsante nel frame
button = Button(frame, text="Cliccami!")
button.place(x=100, y=50)

root.mainloop()
```

In questo esempio, abbiamo creato un frame con una larghezza di 300 pixel e un'altezza di 200 pixel. Abbiamo quindi creato un pulsante all'interno del frame utilizzando il metodo place() e specificando le coordinate x=100 e y=50.

Oltre al posizionamento dei widget, Tkinter offre anche molti altri strumenti per la creazione di interfacce utente. Ad esempio, è possibile utilizzare widget come Entry per l'input di testo, Label per la visualizzazione di testo, Checkbutton per i pulsanti di selezione, Radiobutton per i pulsanti di opzione, Listbox per la visualizzazione di elenchi di testo e molto altro ancora.

Vediamo un esempio di utilizzo del widget Entry per l'input di testo:

```
from tkinter import *

root = Tk()

# crea un frame
frame = Frame(root)
frame.pack()

# crea un'etichetta per il campo di input
label = Label(frame, text="Inserisci il tuo nome:")
label.pack()

# crea un campo di input
entry = Entry(frame)
entry.pack()

root.mainloop()
```

In questo esempio, abbiamo creato un frame e un'etichetta per il campo di input utilizzando il widget Label. Abbiamo quindi creato un campo di input utilizzando il widget Entry.

In Tkinter, è possibile associare una funzione a un evento specifico, come il clic di un pulsante o la pressione di un tasto. Per farlo, possiamo utilizzare il metodo bind() sulla finestra principale o su qualsiasi widget.

Ecco un esempio di come associare una funzione all'evento di clic di un pulsante:

```
import tkinter as tk

def button_callback():
    print("Hai cliccato il pulsante!")

root = tk.Tk()

button = tk.Button(root, text="Cliccami!",
command=button_callback)
button.pack()

root.mainloop()
```

In questo esempio, abbiamo creato un pulsante utilizzando la classe Button di Tkinter. Abbiamo utilizzato il parametro text per impostare il testo del pulsante e il parametro command per associare la funzione button_callback() all'evento di clic del pulsante. Quando l'utente clicca il pulsante, la funzione viene eseguita e viene stampato il messaggio "Hai cliccato il pulsante!" sulla console.

Tkinter fornisce anche molti altri widget che possiamo utilizzare per creare interfacce utente complesse. Ad esempio, possiamo utilizzare la classe Entry per creare una casella di testo in cui l'utente può inserire del testo:

```
import tkinter as tk

def button_callback():
 print("Hai inserito:", entry.get())

root = tk.Tk()

entry = tk.Entry(root)
entry.pack()

button = tk.Button(root, text="Invia",
command=button_callback)
button.pack()

root.mainloop()
```

In questo esempio, abbiamo creato una casella di testo utilizzando la classe Entry di Tkinter. Abbiamo poi creato un pulsante e associato la funzione button_callback() all'evento di clic del pulsante. Quando l'utente clicca il pulsante, la funzione viene eseguita e viene stampato il testo inserito dall'utente nella casella di testo.

Possiamo anche utilizzare i widget Frame e Label per organizzare gli elementi della nostra interfaccia utente in modo più chiaro:

```python
import tkinter as tk

def button_callback():
    print("Hai cliccato il pulsante!")

root = tk.Tk()

frame = tk.Frame(root)
frame.pack()

label = tk.Label(frame, text="Benvenuto in
Tkinter!")
label.pack()

entry = tk.Entry(frame)
entry.pack()

button = tk.Button(frame, text="Cliccami!",
command=button_callback)
button.pack()

root.mainloop()
```

In questo esempio, abbiamo creato un frame e posizionato al suo interno un'etichetta, una casella di testo e un pulsante. Il frame ci permette di organizzare gli elementi della nostra interfaccia utente in modo più chiaro e coerente.

Inoltre, Tkinter ci permette di personalizzare l'aspetto dei nostri widget utilizzando il modulo ttk. Ad esempio, possiamo utilizzare la classe ttk.Button per creare un pulsante con un aspetto più moderno:

```python
import tkinter as tk
from tkinter import ttk

def button_callback():
    print("Hai cliccato il pulsante!")

root = tk.Tk()

button = ttk.Button(root, text="Cliccami!",
command=button_callback)
button.pack()

root.mainloop()
```

In questo esempio, abbiamo creato un pulsante utilizzando la classe ttk.Button per creare un pulsante più moderno e stilizzato rispetto alla classe Button base. La libreria ttk (themed Tkinter) fornisce una serie di widget con uno stile uniforme e moderno, che possono essere utilizzati per creare interfacce grafiche più accattivanti e coerenti.

```python
from tkinter import *
from tkinter import ttk

def button_callback():
```

```
    print("Il pulsante è stato premuto")

root = Tk()

button = ttk.Button(root, text="Premi il pulsante",
command=button_callback)
button.pack()

root.mainloop()
```

In questo caso, la sintassi per creare il pulsante è leggermente diversa dalla classe Button. Utilizziamo la classe ttk.Button invece di Button, e passiamo l'istanza di root come primo argomento. Il secondo argomento è il testo da mostrare sul pulsante, mentre il terzo argomento è la funzione da chiamare quando il pulsante viene premuto. Infine, utilizziamo il metodo pack() per posizionare il pulsante all'interno della finestra.

È possibile personalizzare l'aspetto dei widget ttk utilizzando il modulo ttkthemes. Ad esempio, per utilizzare il tema "adapta" possiamo aggiungere le seguenti righe all'inizio del codice:

```
from ttkthemes import ThemedStyle
style = ThemedStyle()
style.set_theme("adapta")
```

In generale, la libreria Tkinter offre una vasta gamma di widget e strumenti per creare interfacce grafiche in Python. Con la giusta conoscenza e creatività, è possibile creare applicazioni grafiche sofisticate e funzionali utilizzando questa libreria.

Capitolo 15:
La Programmazione Web con Python

La programmazione web con Python è diventata sempre più popolare negli ultimi anni grazie alla sua flessibilità e alla vasta gamma di strumenti disponibili per lo sviluppo di applicazioni web. Python è stato sviluppato per facilitare la scrittura di codice e la sua lettura, rendendolo uno dei linguaggi più popolari per la programmazione web. La programmazione web con Python si concentra principalmente sulla creazione di applicazioni web dinamiche, in cui il contenuto viene generato in modo dinamico a seconda delle richieste degli utenti. In questo capitolo, esploreremo alcuni dei principali strumenti utilizzati nella programmazione web con Python.

Framework web in Python
Uno dei principali vantaggi della programmazione web con Python è la vasta gamma di framework disponibili. Un framework è un insieme di librerie e strumenti che semplificano lo sviluppo di applicazioni web. I framework web in Python più popolari includono Django, Flask e Pyramid. Questi framework offrono una vasta gamma di funzionalità, tra cui la gestione delle richieste HTTP, la gestione dei database, l'autenticazione degli utenti e la creazione di interfacce utente.

La gestione dei database
Le applicazioni web richiedono spesso l'utilizzo di database per la memorizzazione dei dati. Python supporta molti database diversi, tra cui MySQL, PostgreSQL e SQLite.

Inoltre, molti framework web offrono un'interfaccia semplificata per la gestione dei database. Django, ad esempio, include un ORM (Object-Relational Mapping) che semplifica l'interazione con il database.

HTML, CSS e JavaScript

HTML, CSS e JavaScript sono i tre principali linguaggi utilizzati nella programmazione web. HTML viene utilizzato per definire la struttura di una pagina web, CSS viene utilizzato per definire lo stile della pagina, mentre JavaScript viene utilizzato per aggiungere interattività alla pagina. Python può essere utilizzato per generare il contenuto di una pagina web dinamicamente, ma HTML, CSS e JavaScript sono ancora necessari per definire la struttura, lo stile e l'interattività della pagina.

Flask

Flask è un micro-framework per la creazione di applicazioni web in Python. È stato creato da Armin Ronacher nel 2010 con l'obiettivo di fornire un'alternativa leggera e flessibile ad altri framework web più grandi come Django.

Flask offre un'ampia gamma di funzionalità, tra cui:

Routing URL: consente di definire le route dell'applicazione web, ovvero le diverse pagine che l'utente può visitare.
Template: permette di utilizzare template HTML per la visualizzazione dei dati.
Interfacce di database: supporta diversi database tra cui SQLite, MySQL e PostgreSQL.

Moduli di autenticazione: consente di autenticare gli utenti e gestire le sessioni.
API RESTful: supporta la creazione di API RESTful per la comunicazione con altre applicazioni.
Flask è un micro-framework, il che significa che offre solo il minimo necessario per creare un'applicazione web. Ciò lo rende leggero e flessibile, ma richiede agli sviluppatori di implementare manualmente alcune funzionalità che sono già incluse in altri framework più grandi come Django. Tuttavia, grazie alla sua flessibilità, Flask può essere esteso con numerosi plug-in e librerie, che lo rendono molto adattabile alle diverse esigenze degli sviluppatori.

Ecco un esempio di come creare una semplice applicazione web con Flask:

```
from flask import Flask

app = Flask(__name__)

@app.route('/')
def hello_world():
    return 'Ciao, mondo!'

if __name__ == '__main__':
    app.run()
```

In questo esempio, abbiamo creato un'applicazione Flask che restituisce la stringa "Ciao, mondo!" quando si accede alla homepage. La funzione @app.route('/') definisce la route della homepage, mentre la funzione hello_world()

viene eseguita quando l'utente accede alla homepage.
Infine, la funzione app.run() avvia l'applicazione.

Flask è molto popolare nella comunità di sviluppatori
Python grazie alla sua semplicità e flessibilità. È stato
utilizzato per creare numerose applicazioni web di
successo, dalle più semplici alle più complesse.

Django
Django è un framework web open source scritto in Python,
utilizzato per lo sviluppo di applicazioni web complesse e
scalabili. Django si basa sul modello architetturale Model-
View-Controller (MVC), in cui il modello rappresenta i dati
e la logica di business dell'applicazione, la vista è
responsabile della presentazione dei dati all'utente e il
controller gestisce la comunicazione tra i dati e la vista.

Uno dei punti di forza di Django è la sua architettura
modulare e altamente personalizzabile. Il framework offre
una vasta gamma di funzionalità, tra cui un sistema di
routing flessibile, un'API di autenticazione, un ORM
(Object-Relational Mapping) per l'interfacciamento con i
database, una solida gestione delle sessioni, una cache in
memoria, un'interfaccia di amministrazione predefinita e
una vasta gamma di librerie e plugin disponibili per
l'integrazione di funzionalità aggiuntive.

La caratteristica principale di Django è la sua filosofia
"batterie incluse", ovvero la presenza di una serie di
funzionalità pronte all'uso, che consentono di sviluppare
rapidamente applicazioni web senza dover reinventare la

ruota. Ad esempio, la libreria di gestione degli utenti e dei gruppi di autenticazione predefinita di Django consente di gestire facilmente l'autenticazione e l'autorizzazione degli utenti senza dover scrivere codice aggiuntivo.

Inoltre, Django è altamente scalabile e può essere utilizzato per lo sviluppo di applicazioni web di qualsiasi dimensione. Il framework è stato utilizzato per la creazione di alcuni dei siti web più popolari al mondo, tra cui Instagram, Pinterest e Mozilla.

Il processo di sviluppo in Django segue il pattern di progettazione Model-View-Template (MVT), che si basa sulla separazione delle responsabilità tra il modello, la vista e il template. Il modello rappresenta i dati dell'applicazione e la logica di business, la vista interagisce con il modello per fornire i dati alla presentazione e il template rappresenta la presentazione dei dati.

In sintesi, Django è un framework web potente, flessibile e altamente personalizzabile, ideale per lo sviluppo di applicazioni web complesse e scalabili. La sua architettura modulare, la vasta gamma di funzionalità pronte all'uso e la filosofia "batterie incluse" lo rendono uno dei framework web più popolari e utilizzati al mondo.

Pyramid
Pyramid è un framework web open source per Python che utilizza la filosofia "Less is more" per la creazione di applicazioni web scalabili e flessibili. È stato sviluppato da Pylons Project ed è rilasciato sotto la licenza BSD.

Pyramid si basa sul concetto di "routing" per associare le richieste HTTP con le risorse dell'applicazione. Inoltre, fornisce un sistema di viste, che permette di gestire le richieste e le risposte HTTP in modo flessibile e personalizzabile.

Pyramid offre anche una vasta gamma di funzionalità, tra cui autenticazione, autorizzazione, gestione delle sessioni, gestione dei file statici, gestione dei moduli, gestione del database, integrazione con template engines, gestione dei form e molti altri.

Pyramid è altamente personalizzabile e flessibile, consentendo agli sviluppatori di scegliere gli strumenti e le librerie che meglio si adattano alle loro esigenze. Inoltre, è estremamente modulare, il che significa che è possibile utilizzare solo le funzionalità necessarie per il proprio progetto.

Pyramid utilizza il linguaggio di templating Jinja2 per la creazione di pagine web dinamiche, ma è possibile utilizzare anche altri linguaggi di templating come Mako o Chameleon.

In conclusione, Pyramid è una scelta eccellente per la creazione di applicazioni web scalabili, flessibili e personalizzabili in Python, grazie alla sua architettura modulare, alle numerose funzionalità e alla grande flessibilità offerta agli sviluppatori.

In sintesi, Python offre una vasta gamma di librerie e framework per la programmazione web, tra cui Flask e Django. Flask è una libreria leggera che permette di creare rapidamente applicazioni web, mentre Django è un framework completo che fornisce un'ampia gamma di funzionalità per lo sviluppo di applicazioni web complesse.

Python è anche utilizzato per la gestione dei database, grazie alla sua libreria integrata sqlite3 e ad altre librerie come SQLAlchemy e PyMySQL. SQLite è un database leggero che può essere utilizzato direttamente in Python senza dover installare un server separato, mentre SQLAlchemy e PyMySQL sono librerie più potenti che consentono di connettersi a server di database più robusti come MySQL e PostgreSQL.

Inoltre, Python è spesso utilizzato per lo scraping web e la gestione dei dati, grazie a librerie come Requests, Beautiful Soup e pandas. Requests consente di effettuare richieste HTTP e ottenere dati da pagine web, Beautiful Soup è una libreria per l'analisi del markup HTML e XML, mentre pandas è una libreria per la manipolazione dei dati che può essere utilizzata per l'analisi dei dati e la creazione di grafici.

Infine, Python è utilizzato anche per lo sviluppo di applicazioni desktop e la creazione di GUI, grazie alla sua libreria standard tkinter e ad altre librerie come PyQt e wxPython. tkinter è una libreria leggera e facile da usare per la creazione di GUI, mentre PyQt e wxPython sono librerie più potenti che offrono una vasta gamma di widget e funzionalità per la creazione di applicazioni desktop complesse.

In generale, Python è un linguaggio di programmazione estremamente versatile e flessibile che può essere utilizzato in molti contesti diversi, dalla programmazione web alla gestione dei database, dallo scraping web alla creazione di GUI. Le librerie e i framework disponibili per Python lo rendono un linguaggio molto potente e popolare tra gli sviluppatori.

Capitolo 16:
Conclusioni

In questo corso abbiamo visto come Python sia un linguaggio di programmazione versatile e potente, adatto sia per lo sviluppo di applicazioni desktop che per la creazione di applicazioni web e molto altro ancora.

Abbiamo iniziato con i concetti base della programmazione, come le variabili, i tipi di dati, gli operatori e le istruzioni di controllo del flusso. Successivamente, abbiamo approfondito le funzioni, le classi e gli oggetti, che sono alla base della programmazione orientata agli oggetti in Python.

Abbiamo visto come Python sia dotato di una vasta gamma di librerie standard, che consentono di sviluppare applicazioni in molti campi diversi, come il networking, la grafica, la matematica e l'elaborazione dei dati.

In particolare, abbiamo approfondito l'utilizzo delle espressioni regolari per la ricerca di pattern nelle stringhe, la gestione dei thread per migliorare le prestazioni delle applicazioni, e l'interfacciamento con database per la creazione di applicazioni web dinamiche.

Infine, abbiamo esplorato alcuni dei principali framework web in Python, tra cui Flask, Django e Pyramid, che consentono di creare rapidamente applicazioni web complesse e robuste.

In sintesi, Python è un linguaggio di programmazione potente e versatile, adatto a una vasta gamma di applicazioni. Grazie alla sua sintassi intuitiva e alla vasta gamma di librerie disponibili, Python è uno dei linguaggi di programmazione più popolari e utilizzati al mondo.

Con la conoscenza acquisita in questo corso, sarete in grado di sviluppare applicazioni Python di alta qualità e complessità, sia per uso personale che professionale. Siamo certi che il vostro percorso di apprendimento non finisce qui, ma speriamo che questo corso sia stato un buon punto di partenza per la vostra carriera di programmatori.

Gentile lettore,

Spero che la lettura di questo libro ti abbia fatto appassionare ancora di più al mondo della programmazione con Python e ti abbia fornito conoscenze approfondite e utili strumenti per la tua attività di sviluppatore.

Sarei molto grato se volessi condividere la tua opinione sulla qualità del libro attraverso una recensione su Amazon. La tua opinione è fondamentale per me e per gli altri lettori che si apprestano ad acquistare questo libro. In questo modo, potrai aiutare altre persone ad avere una valutazione obiettiva sul contenuto e la qualità di questo testo.

Ti invito a lasciare una recensione sincera e dettagliata, in cui indichi ciò che hai apprezzato maggiormente e ciò che hai trovato migliorabile. La tua opinione è importante per me e per la comunità di appassionati di Python.

Grazie per il tempo che hai dedicato alla lettura e alla stesura di questa recensione. Spero di leggere presto la tua opinione su Amazon.

Cordiali saluti,
Doran Fields

www.ingramcontent.com/pod-product-compliance
Lightning Source LLC
Chambersburg PA
CBHW071555080326
40690CB00057B/2360